“幸福密码”丛书　　易晓 著

不丹：GNH创造乐土

南方日报出版社
NANFANG DAILY PRESS
中国·广州

图书在版编目（CIP）数据

不丹：GNH创造乐土 / 易晓著. -- 广州 : 南方日报出版社，
2011.7（幸福密码丛书）
ISBN 978-7-5491-0228-0

Ⅰ. ①不… Ⅱ. ①易… Ⅲ. ①社会生活－概况－不丹Ⅳ.
①D735.78

中国版本图书馆CIP数据核字(2011)第142419号

不丹：GNH 创造乐土　　易晓 著

出版发行：南方日报出版社
地　　址：广州市广州大道中 289 号
电　　话：（020）83000502
经　　销：全国新华书店
印　　刷：广东信源彩色印务有限公司
开　　本：889mm×1194mm　1/16
印　　张：15.25
字　　数：170 千字
版　　次：2011 年 7 月第 1 版
印　　次：2011 年 7 月第 1 次印刷
定　　价：30.00 元

投稿热线：（020）83000503　读者热线：（020）83000502
网址：http://nf.nfdaily.cn/press/

“幸福密码”丛书总序

◎林 洪

大约在10年前，也就是2001年吧，我与长者兼朋友钟永豪先生在海聊忆旧时，不知怎么地就打开了快乐与幸福的话匣。两位同道中人在切磋和思想碰撞中自然而然地将幸福上升到学理的层面来讨论，因此就有了我发表国民幸福指标体系设计的论文，提出“国民幸福指数”概念和算法，在各类论坛抒发对幸福孔见的学人之举。对此，不敢妄称“成就”二字，倒也先人一步。

然则，幸福是普罗大众亘古不变的追求，是永远都让人津津乐道的平民话题，而将其束于学术殿堂、悬在象牙之塔有曲高之嫌。学术与文化、学人与文人本就相通，犹在对幸福的解码与诠释上。故而此套“幸福密码”丛书出版，可谓雅俗共赏，应势而发，可飨读者。

“密码”在中文里是“口令”（password）的通称，其本意是一种用来混淆的技术，将正常的可识别的信息转变为无法识别的信息。显然，这套丛书的命名取其之反，将幸福这个内蕴丰富、信息聚类有一定难度的范畴进行剖析、解读，实际上是一次比较系统地“破译”幸福的尝试和探讨。

“幸福密码”丛书包括《北欧：这里没有穷人》、《芬兰：教育强国强民》、《不丹：GNH创造乐土》、《新加坡：人民后顾无忧》四个单本。直白的语言和醒目的主题意味着，这套丛书在幸福解码的道路上，擎着的是通俗性、大众化的旗帜。作为研究幸福问题的技术派学人，舞文弄墨虽非我所长，但仍愿为此丛书管窥密码、解读幸福。

解码一：以福利之钥开幸福之门

北欧人以“没有穷人的天堂”来看待他们的幸福，他们生活在带有明显的“劫富济贫”色彩的福利国家，有着“从摇篮到坟墓”的无所不包的社会保障体系：在瑞典，国民即使身处困境也能感到平安，面对任何危机都能保持幸福的心态；丹麦的“叶尔特法则”保证任何人不得自称比别人好、聪明或者富有，它使国民老有所终、壮有所用、幼有所长；挪威借助社会福利和国民素质，用内心道德律及与自然的高度和谐来追求内心的幸福；冰岛的福利制度解决了国民的后顾之忧，使其有责任感和归宿感，使其发现快乐、享受幸福。

解码二：以四大支柱撑幸福之厦

可持续、均衡的社会经济发展，环境保护，文化保护与促进，政府善治，是山鹰之国不丹支撑幸福的四大支柱。上世纪70年代，不丹国民生活贫困，文盲率居高不下，几乎没有像样的现代化基础设施。不丹国王旺楚克1972年推行“全民幸福计划”和“国民幸福总值”（GNH）概念，创建了举世瞩目的“不丹模式”。“不丹模式”的幸福密码来源于打破以GDP为唯一导向的发展模式，走以大众幸福为导向的可持续、均衡的社会经济发展模式，不仅创造了高速的经济增长奇迹，而且使自然资源得到了有效的保护，同时促进和保护传统的文化，使人们的心灵得到净化，并且让人民学会管理国家，权力充分下放到基层，最终实现经济发展和国民幸福的双重目标。

解码三：以教育强国为幸福之本

芬兰的高福利和全球竞争力都源于其完善的教育，它将幸福理念落实到教育的每一个阶段。在芬兰，幸福教育从幼儿时期就已经启程，它坚持让每一个人都上一样的学，享受平等教育资源，坚持通才教育，让人人能够全面发展，坚持人性化教育，培养学生个性自由发展和关爱精神。芬兰以轻松的高考方式让学生感受到幸福，以完善的职业高中教育培养学生的职业技能。芬兰以随时随地、想学就学的理念建立了自由的成人教育体系，培养全民终身学习的观念。正是如此尊师重教的教育体系培养了芬兰人的种种优秀品格，铸就了国民幸福之本。

解码四：以完善国策开拓幸福永续之路

一系列完善的国策保证了新加坡国民永无后顾之忧和享受持续不断的幸福：公共组屋体系让国人不用做“房奴”；医疗保障体系让国人不用担心因病致贫；养老服务体系让国人不用养儿防老；教育体系让国人可以享受到同样的教育资源而不用购买学区房；就业保障和社会救助体系让该国的穷人也可以有尊严地享受幸福……新加坡的国策保证了国家社会福利的可持续性，使得新加坡人不用担心幸福就此终结，可以源源不断地享受国家给自己带来的福利。

如此解读“幸福密码”，只可算窥巨豹之一斑。他山之石，欲得其全貌者，揽此套丛书细读，正如大快朵颐之幸事，这本身就是一种幸福。寥寥寂寂之言，是以为序。

2011年7月11日于广州石牌

（作者系广东商学院统计学教授，经济学博士，中国大陆最早提出“国民幸福指标体系”、“国民幸福指数”概念的学者）

目录

引言

GNH（Gross National Happiness），不丹国民幸福总值。

30多年改革开放，我国经济发展迅猛，国民生活水平大幅提高，可是人们的幸福感却不见增强，甚至很多人抱怨还不如改革前活得舒坦。我们有必要反思下这些年的发展思路，到底是经济发展更重要还是人民幸福更重要？我们的发展到底是为了经济增长还是国民幸福？哪 个是日的，哪个是手段？幸福是不是一定要以财富为基础？经济发展是不是一定要以牺牲环境为代价？

大家往往习惯性地认为个人收入水平和幸福感是成正相关的，用句更通俗的话说，就是个人收入越多，幸福感越强。这一观点一直影响着各国的国家发展战略。这一发展理念背后的逻辑就是经济增长了，大家都有钱了，自然也就幸福了。各国政府也基本都以加快经济发展、提高GDP（国内生产总值）增长率作为中心任务来抓。在联合国、世界银行、国际货币基金组织等国际组织对各国发展水平和经济实力的评价中，一个核心的评价指标就是GDP。于是在以经济发展为中心目标的思想指引下，其他一切都不重要，环境、文化、大众需求等等都应该为经济发展让路。大多数后发国家都是采用这一发展策略。然而国家金融危机、世界经济大衰退、全球环境恶化、社会道德败坏等各种问题层出不穷，幸福随着经济发展似乎离人们越来越远了，让人不禁要问，除了这一条路，还有其他选择项吗？

不丹 40 年来追求 GNH（国民幸福总值）的故事打破了以 GDP 为导向的唯一发展模式的神话，为我们提供了一条全新的发展思路。在 2006 年英国莱斯特大学社会心理学者怀特公布的包含全球 178 个国家的世界快乐地图中，不丹以全球第八的名次，位列亚洲第一，被戏称为最快乐的“穷国”。除了不丹，排名靠前的基本上都是欧美富国，与其同列第八位的是全球人均收入最高的卢森堡，其人均收入大约是不丹的 43 倍。从不丹的经验来看，财富似乎不是衡量人的幸福感的唯一要素。

另外，致力于大众幸福的国家政策在保护环境、可持续发展时，同样能够创造高速的经济增长奇迹。根据联合国的统计数据显示：不丹 2000 年、2005 年和 2008 年的 GDP 分别为 4.48 亿美元、8.27 亿美元和 13.27 亿美元，以 1990 年为基年的不变价格计算，这三年的年均 GDP 增长率分别为 7.9%、7.1%和 6.6%，远高于全球平均增长率，与中国的增长率相比也并不很逊色。这三年不丹的人均 GDP 分别为 801.2 美元、1298 美元和 1932.8 美元。到 2008 年不丹的人均 GDP 已经几乎是印度的两倍了（印度 2008 年的人均 GDP 仅为 1070 美元），而在上个世纪，这几乎是不可想象的。根据 1996 年亚太经合会的《亚太统计资料》显示，1993 年不丹人均国内生产总值仅为 135 美元，排名全球第 162 位，而同期的印度为 279 美元列全球第 135 位。这一切，在很大程度上，得益于不丹四世国王吉格梅·辛格·旺楚克（Jigme Singye Wangchuck）在 1972 年登基后提出的 GNH（国民幸福总值）的发展理念。

那么 GNH 到底是什么呢？跟 GDP 有什么区别呢？不丹又是如何把这一发展理念落到实处的呢？为什么它会给国民带来幸福感呢？本书将从不丹的基本情况开始，逐步介绍不丹 GNH 的内涵及其发展，以及政府发展策略、国民幸福总值的测量等等，希望能够通过对不丹 GNH 理念的发展和实践的介绍发现一些值得注意的地方，为中国发展模式的反思和转变提供一点思考，在领略不丹的幸福历程时也能启发我们寻找中国自己的幸福之路。

第一章 神秘的幸福王国

也许大家还记得3年前轰动一时的新闻：2008年7月21日，梁朝伟和刘嘉玲在幸福王国——不丹举办婚礼。这场号称“世纪婚礼”的大典吸引了无数人的眼球，人人在关注之余不禁要问伟仔和嘉玲为何会选择不丹，不丹在哪里，不丹有什么特别之处，不丹为什么被称为“幸福王国”、“最后的香格里拉”，不丹的幸福到底在哪里……

在我们探讨不丹幸福秘诀之前，有必要揭开这个神秘王国的面纱，先了解下不丹王国的基本情况。

不丹王国，位于中国的西南边陲、喜马拉雅山脉东段南坡。千百年来，巍峨的群山隔断了与外界的交往，使得不丹淳朴的民风和生活习惯得以保存，以至于在许多外国人的眼中，不丹着实有些“怪”。

一、社会形态：贫穷与富有同在

（一）小国寡民

不丹是世界上最神秘的国家之一。这个小国位于西藏及印度之间，景色怡人。深受藏传佛教影响的不丹，大部分国民都信佛教。不丹的全称是不丹王国（Kingdom of Bhutan），不丹在当地语言中的意思是“竺域”（或“朱玉”DrukYul，藏文是vBrug－yul），意为雷、龙之地，在梵语中的意思是“西藏旁的高地”。其国歌也被冠名为“雷龙王国”（Drukyle）。不丹位于喜马拉雅山脉东段南坡，其东、北、西三面与我国接壤，南部与印度交界，是一个典型的内陆国家。根据不丹王国官方网站的数据显示，不丹整个国土面积为3.8万平方公里（另有一说4.7万平方公里），相当于广东省面积的1/5，全球排名第131位。根据联合国的统计数据显示，不丹到2008年的人口为68.7万，相当于我国一个中等县的人口总数。人口密度是17.9人/平方公里，可以说是典型的地不广、人却稀。不丹境内多山，海拔从150米到7550米，有一半的领土在3000米以上，各种生态环境、植被都有。生物多样性是一大特色，所以不丹也有十里不同天的景象。

（二）笃信佛教

不丹的宗教历史可以追溯到7世纪。当年曾经迎娶文成公主的西藏王松赞干布先后在不丹修建了贾姆帕寺院和基楚寺院，传播藏传佛教。12世纪时，西藏高僧阿旺·杜贡（亦称阿旺·纳姆加尔）到不丹后打败各派统一了整个不丹，并且按照西藏的模式建立了政教合一的神权统治的政府，他自己成为拥有世俗统治地位的国王和宗教领袖。这种早期的精神统治和世俗统治合一的方式一直延续并影响着不丹。

不丹这种政教合一的特征由国旗也可见一斑。不丹国旗由金黄色和橘红色的两个直角三角形组成，一条白色的飞龙横跨中间，四个龙爪各抓一颗白而亮的宝珠。金黄色象征不丹国王的权力和作用，表明这个国家还保留着君主制，国王在这个国家的地位很高；而橘红色是僧侣长袍的颜色，象征佛教的精神力量，可见宗教在不丹仍然影响力很大。纯洁的白龙象征不丹这个国家，所以不丹又被称为“神龙之国”。龙爪上握的白珠，象征威力和圣洁。

早期社会，年轻人以成为僧侣作为进入上层社会的捷径。有的家庭因为人口太多，难以抚养，就把小孩送到寺庙，贡献给佛祖。在传统社会上升途径不多的情况下，通过宗教而获得上升空间是比较常见的。随着社会发展，今天在不丹上升途径更多，可以出国、参军、从政等，但是仍然有不少年轻人愿意成为僧侣，通过宗教步入上流社会，从而获得更多的发展机会。可见佛教早已深入民众的心中，并且深深影响着民众的生活。

在不丹的财政开支中，宗教事务支出占财政预算的25%左右，而且寺庙的僧侣都占有大量肥田沃土。军营里还设有寺庙，新兵入伍都要举行宗教仪式。而且宗教代表还参与政府各项事务，各级政府和国民议会中都有宗教代表。可见，在不丹，无处没有宗教的影响。

对于老百姓而言，佛教是他们最大的精神寄托。经济条件好的家庭都会在家里设置佛堂，供家人诵经祷告之用。在不丹的河中还会经常看到塞满经文的木桶，木桶顺水而下，在水中不断转动，看起来就像是在诵读经文一般。

不丹人相信前世今生的因果轮回和因果报应。著名摄影记者张涴仪在不丹20多天的旅程中，发现去寺庙是不丹人生活中的重要组成部分，很多不丹老年人选择把自己的晚年奉献给佛教，他们在三餐之余把大量时间都花在诵经祷告上，有的是去寺庙念经拜佛，有的会在家里盘腿而坐就地修行，他们希望今生的礼佛能洗刷掉前世今生的恶行，祈祷来世的好运。而随处可见的寺庙、佛塔、经幡和经轮可以看出不丹人希望随时随地都能拜一拜，祈一祈福。在佛面前，他们能够找到心灵的慰藉，在佛面前，一切世俗的欲求都不再重要。

信奉藏传佛教的不丹和我国西藏在文化、宗教、习俗、饮食等诸多方面有很多相同或相似之处，也有诸多不同之处。有几个明显的差异值得一提。在一定程度上，也许正是这些差异使得今天的不丹能够走上探求国民幸福之路。第一个差异是，通常认为不丹社会比西藏社会更加平等和民主，因为不丹没有牢不可破的贵族阶级，贵族势力不是很强大，不丹国小民弱，国王也不是很富有，贵族们自然也就一般；而西藏面积比较大，人口也比较多，历史也更加悠久，贵族形成历史更长，宗教领袖和贵族势力强大。第二个差异主要是不丹不像西藏那样农奴制度根深蒂固，民众上升通道相对多一点，受到的待遇也相对公正一点。在不丹，男性从国王到平民统一穿着“帼”（Gho），也就是一种连身及膝短袍，女性穿着“琪拉”（Kira），是长袖短外套和沙龙式的长裙。这种服饰上的相似性也表明不丹社会的平等性特征。另外不丹贫富差距也没有西藏那么严重。不丹国王的王宫和平常老百姓的住宅没有太大的区别，远不能跟西藏的布达拉宫和其他宫殿相比。在不丹，佣人是被当作家庭成员看待的，和主人一起分享膳食。而这些在西藏都是不敢想象的。

强调平等与平衡，让不丹人对自己的国家充满自信，而不是像其他贫穷的邻国那样，国民会自卑地视自己的文化为落后的象征。这里没有精品 LV、没有劳斯莱斯、没有炫耀财富的现象，以至于到不丹的游客很难像去其他国家旅游一样，有逛免税店买名牌的机会。

因为社会和谐，不丹人民才充满自信和希望，不丹 99% 的留学生学成后，都会选择回祖国。不丹人自豪地说：“真正有品质的生活，不在于有高物质的享受，而是拥有丰富的精神层面与文化。”

这些不丹特有的社会现象都为在不丹推行国民幸福总值的计划提供必要的条件。也就是说不丹能够推行这一方案，是有其文化和社会根源的。

（三）从世袭君主到议会民主

不丹在1907年建立世袭君主制之前，是由负责宗教事务的基堪布和管理世俗事务的国王共同管理的。基堪布和国王的权力在斗争过程中此消彼长，但宗教领袖和世俗的国王在国家治理过程中都起到了很重要的作用，也都有很高的地位。直到1907年，世袭君主制的建立，打破了这种双重政权的统治，废除了神权统治，确立了以世俗国王为主的统治架构。国王在不丹拥有至高无上的地位。他既是国家元首，又是军队的最高统帅。在国王权力很大的情况下，往往是国民要求削权。然而在不丹，是国王自己要削自己的权。从1998年起，不丹开始了自上而下的民主运动。按照不丹四世国王辛格的说法："为了不丹人长远的幸福，我们必须推行民主，一个有效的制度比王位更重要。"辛格包括现任国王基沙尔都曾经在西方接受教育，对西方的政体比较了解，为了让不丹赢得国际社会的认同，有必要在政体上与西方接轨，让不丹人民也能够享受到政治权利，这也是不丹走向现代国家迟早要解决的一个问题。与其让别人赶你下台，还不如自己主动退出。今天的不丹人民很难理解为什么他们敬爱的国王要让自己来选择国家领导人。他们都觉得国王很好，为他们做了很多事情，他们不知道民主为何物，也不明白民主能给他们带来什么。但是他们还是在国王的要求下，参与了投票，他们相信国王说的都是对的，国王叫他们做什么他们就做什么。

1998年，不丹四世国王辛格解散了内阁，将政府行政权移交给大臣委员会，自己不再兼任政府首脑。2001年9月，国王发布命令，要求政府成立委员会筹备宪法起草，准备把不丹建设成一个民主、高效的国家，确保不丹的主权、安全和人民幸福。同年11月不丹成立了由各界代表组成的宪法起草委员会。2005年，辛格建议不丹建成两党制国家，在大选中得票最多的组阁，另一个作为反对派。

2008年3月24日，不丹举行了历史上第一次民主选举，几十万不丹国民直接选举国民议会议员，然后由国民议会选举产生部长会议成员，即组成民选政府。根据2008年7月18日通过的不丹第一部《宪法》，不丹是一个民主君主立宪制的国家，实行行政、立法、司法三权分立，国王是不丹的国家元首，而议会在三分之二多数的支持下可以弹劾国王，部长会议为行政机关，部长会议主席是政府首脑。有意思的是《宪法》还规定国王到65岁就要退位，由太子继承王位。避免了国王终身制。国民议会是不丹最高立法机关。这次民主转型变化巨大，不丹从一个没有民主宪法、没有政党、没有民选政府的国家转变为一个有了民主宪法、有了合法政党、有了民选议会和民选政府的现代民主国家，意味着国家政治体制由原来的世袭君主制变为议会民主制。

实际上，不丹国王在中央层面推行民主改革前，早就在培养国民的民主意识，他通过在地方设立发展委员会让国民能够参与到当地的经济和社会发展的决策过程。不丹分为4个地区（省）、20个宗（县）、8个东（东是在比较大的宗才有的，一般管理几个格窝）、202个格窝、5000多个自然村。地区行政长官由中央政府任命，直接向内政部负责。各个宗的行政长官也由国王任命，经过议会批准。格窝和村的领导人是由民选直接产生的。在国王的要求下，从1981年开始，先后设立的宗和格窝的发展委员会，其成员全部由民选产生。要想当选，候选人必须努力工作，表现出好的治理能力。这些委员直接参与当地的政策和发展规划的制定。当选的男女代表直接参与讨论道路建设、学校建设、医疗中心、饮用水、工农业生产以及其他法制问题，并且随时监督政府官员是否有认真执行他们在会议上形成的决议。实际上，这是不丹向地方政府放权和让大众参与政府决策的一个重要步骤。有时国王也会亲自巡游全国，参加各地发展委员会的讨论。国王和他的王室成员混在民选委员中间参加发展规划的讨论，听取他们的意见。不丹社会中的民主文化允许一种高度的平等精神，这在其他南亚国家中是很少见的。恰恰是这种植根于文化中的平等精神让不丹国王能够以人民的福祉作为国家发展的核心目标，以人民是否幸福作为衡量政府工作是否到位的唯一标准。

二、国家环境：最后的香格里拉

（一）资源丰富图传子孙万代

在经济学上，一个国家的资源禀赋决定了其可采取的发展模式。然而在现实中，这个国家具体采取什么发展策略则取决于其发展理念。不丹没有中东国家的石油，也没有俄罗斯的天然气。但是与一些贫瘠的非洲国家相比较，不丹还是有不少自然资源可加以利用，比如，森林、矿石、水力等，这些都可以为经济建设和国家发展提供必要的能源。尤其值得一提的是不丹丰富的森林资源和水力资源，这些环保型资源为不丹今天发展绿色经济起到了关键作用。而且多变的地形和丰富的生态资源也为不丹带来了美景，提供了丰富的旅游资源。但多变的地形带来的不利则是，道路建设是件相当艰难的事情。正是交通不便，阻碍了不丹的对外交流和经济发展。从另一个角度来理解的话，这也许帮助不丹保存了传统文化习俗和自然资源，减少了被破坏的机会。

经常在国内旅游的王先生，去过泰山、衡山、黄山等地。当他去不丹旅游，想领略下不丹美景时，也被不丹的公路吓得不轻。他回来后不断抱怨不丹崎岖的山路，一环一环的盘山公路颇让人惊恐。也许正是应了“无限风光在险峰”这句话，不丹多变的地形造就了绝世风景。

不丹地处喜马拉雅山脉腹地，是个典型的山国，除了不大的杜瓦尔平原之外，95％以上都是山地。这种山川地形造就了优美的自然风光，引来无数外来游客流连忘返，惊叹于天工造物。北部高山地区人烟稀少，人口主要集中在中部河谷地区和南部丘陵平原地区。尽管不像北部的高山和雪地，但是中南部地区地形起伏比较大，海拔落差从几百米到5000多米，交通非常不便利，不利于国内各地之间以及和国外的交流和沟通。

据说20世纪60年代印度首脑访问不丹，耗时半月才到达不丹首都廷布。印度首脑深受交通不便之苦，于是回国后就赠送给不丹一条公路，也就是今天的廷布到布拉卡的公路。这是不丹历史上第一条现代公路。虽然地势不平，但不丹中南部地区气候宜人，土地肥沃，雨水充足，适宜农业生产。不丹是个典型的农业国家，23％的收入来自农业，有超过60％的人口从事农业生产。

有高山和雪地，就有河流。不丹境内水力资源丰富。丰富的水力资源一方面为农业生产提供了必要的灌溉用水；另一方面，由于不丹地势不平，落差大，不同地段河流的海拔悬殊，水流急，适宜发电。不丹最大的河流马拉斯河，由于是高山河流，上游、中游和下游的落差比较大，河宽最大的地段有48米。不丹第三大河旺河在上游的海拔是2100米，而在下游平原地区的海拔只有90米，这样的大落差为不丹提供了丰富的水力资源。据不丹政府测算，不丹水力发电的潜力大概有3万兆瓦。不丹政府在这些河流上兴建了不少水力发电站，目前已经开放的有14.8亿瓦，还有很大的开发潜力，但另一方面，也说明不丹政府在开发水力资源上的态度谨慎，秉持环境更重要的理念。

根据不丹政府的统计，不丹70%以上的国土是由森林覆盖，位列亚洲首位，而全球平均覆盖率只有22%。丰富的森林资源为不丹的经济发展和人民生活提供了必要的木材。不丹年产木材大概有1330万立方米，除了自用的20万立方米外，其余全部出口。这些木材用途广泛，既可用来做家具，也可以用作建筑材料或者造纸。另外本地人还大量用木材作为燃料。所以不丹可利用土地面积就相对比较少，大概只有7%的土地面积可以用作耕地，大概还有4%的土地是草原和牧场。可见不丹人均耕地面积比较少，土地资源相对匮乏。

山里到处都是宝，这句话没错。在不丹，深山里埋藏着大量的矿产资源。据不完全地质调查和勘探，不丹矿藏资源丰富，不少都具有经济价值，如石灰石、大理石、铅、云母等。白云石用来炼钢、制造化工原料等，石灰石是制造水泥的重要原料。另外，不丹还发现了金、铜等矿藏资源。不丹的矿藏开发主要是用来出口。拿下表中的白云石为例，按照每年26.5万吨的开采量计算可以开采396年，即便增加一倍的规模，也可以维持近200年，所以不丹的资源开采规模还不算很大，基本都还是在可控制的范围内。

不丹矿产资源

种类	总储存量（单位：万吨）	2001年的开采量（单位：吨）
水泥	18000	160000
煤炭	103.2	65000
白云石	1050.25	265000
铁矿石	NA	16000
石膏	7008.4	55000
石灰石	11854	280000
大理石	4853	4000
石英岩	NA	53000
板岩	1600（万立方米）	9000
云母	NA	3800
石墨	71.5	NA
铅与锌	321.6	NA

不丹矿藏资源，可以带来经济收益，也可以破坏生态环境。关键就在于政府持什么态度对待资源开发和环境保护。同样的问题，优美的自然风光固然是很好的资源，但如何利用这些资源而不过于商业化呢？如何开发？开发到什么程度？以什么样的方式在最大限度地保护环境的前提下搞开发？这都是不丹政府更多地思考的问题。正如不丹四世国王辛格所言，他不想走上这样一条发展之路，即允许更多国外投资而不是不丹自己深入挖掘自己的潜力，他认为这些天赐的财富不应该被用来销售，而是应该用来创造一个所有不丹人民都可以幸福快乐地生活的社会。尽管不丹资源丰富，然而由于秉持可持续的、保护环境的发展理念，宁慢勿快，所以今天的不丹仍然不富裕。国民人均收入仍处于落后国家之

列，居民的日常饮食中仍然是必不可少的红辣椒拌着的几样简单的饭菜。

（二）自给自足家园也很精彩

不丹号称是“最后的香格里拉”，这里几个世纪以来都不太与外界交流。一个主要原因是地理上的不便利。不丹只有中国与印度两个邻国，而且只能从印度陆路入境，不丹的第一条陆路公路是印度政府在20世纪60年代援建的。时至今日，不丹仍有许多地方不通公路，居民需要翻山越岭几天才能到达有公路的地方，转乘交通工具外出办事。

不丹只有一个机场，也就是帕罗国际机场，只有通往尼泊尔、印度、泰国和孟加拉等少数几国的几条航线，并且只能由不丹皇家航空公司的飞机经营。帕罗机场由于没有导航设备，被公认是世界上最难起降的机场之一。在海拔2225米的一小块平地上，只有一条长2000米的跑道、一幢客运大楼、一幢货运大楼及两个飞机泊位。飞机俯冲到地面上滑行需要在尽头紧急掉转回来继续滑行，否则就会出事。可能出于安全原因，只有不丹皇家航空公司的驾驶员，才能够在这样险峻的机场跑道上起降航班。仅有的几条航线有时也不能准点起降航班，原因肯定不是航班太多造成的线路拥堵，而是自然气候因素，高原和山峰是最大的拦路虎。这样的地理环境阻碍了他们与外界的交流。

另一个原因是不丹政府不太想与外界交流，怕受外面的影响。不丹是联合国会员国中唯一没有与五大常任理事国建交的国家，而且与不丹建立外交关系的国家也不过二三十个，在海外设的领事馆更是少。除印度公民外，不丹对任何国家的公民都设置了诸多限制，一般来说，各国游客根本不能进入。

这也让他们能够更加专注于自己眼下所做的事情，少了浮躁之气。毕竟与外界交流少，受外界的影响自然也就小了。而且在这种环境下，家庭和邻里关系就变得尤为重要。

第二章

GNH（国民幸福总值）在这里发源

一个掩藏在喜马拉雅山脉里的内陆小国，何以会被冠以幸福王国的美誉呢？在经济欠发展的情况下，通常都是寻求快速的经济发展、增强国力，何以不丹放弃了大多数国家走过的路，而独辟蹊径呢？不丹最引以自豪的“国民幸福总值（GNH）”是如何产生的呢？GNH 跟 GDP 有什么不同呢？国际上是如何看待 GNH 的呢？

一、GNH 前世今生

（一）起源：幸福比财富更重要

1972 年，还没有来得及完成牛津大学学业的吉格梅·辛格·旺楚克，因为老国王的过世，不得不赶回国继承王位，尚未年满 17 岁的辛格是当时世界上最年轻的国王。随后辛格对他的政府官员们说：“国民幸福总值（GNH）比国内生产总值（GDP）更重要。我们不丹要的是国民幸福，不要单纯的国内生产总值。”他向不丹皇家计划委员会下达了命令，正式宣布政府计划的成功与否必须以人民幸福感的提高为评价标准。

GNH 到底是什么呢？辛格竟要以此代替 GDP？

实际上，GNH 是一套指导发展的思想理念，从字面意思上来理解的话，就是国民幸福总值，国内生产总值是计算国家的经济增长总量，强调的是经济增长，而国民幸福总值在概念上类似于国内生产总值，不同的是它注重的是国民的幸福感的增长与否。当然，在 20 世纪七八十年代还不具备条件建立一套测量指标体系像度量国内生产总值一样来计算国民幸福总值，辛格在提出这个概念的时候更多的是希望政府的工作重心不是经济增长而是国民幸福，要求政府在制定发展规划和平时的政策制定过程中充分考虑国民幸福这一因素。在他看来，促进国民幸福才是真正的发展目的。时至今日，GNH已经成为不丹发展规划和政策制定的指导思想。政府在工作中时不时都要自我检讨一下有没有促进国民幸福。自此，GNH在不丹发展实践中代替GDP指导不丹社会进步。

那么辛格为什么想到要提出GNH呢？台湾《商业周刊》有幸成为第一家采访不丹内政部长吉莫·廷礼的华文媒体，吉莫·廷礼于2008年当选为不丹第一位民选首相，他为我们揭开了GNH的产生之谜。

在吉莫看来，四世国王辛格是个非常聪明的人。辛格在西方接受教育时，就在考察和思考国家建设的问题。一方面他叹服西方科技进步、经济发展带来的巨大成就；另一方面，他对于西方发达国家存在的各种负面问题深为痛心，犯罪率居高不下、贫富差距大、生活压力大等。工业现代化在带来丰富的物质时，并没有给人们带来幸福和精神上的满足，随之而来的却是精神空虚、缺乏归属感和安全感等问题。物质追求和精神追求之间缺乏一种平衡。与此同时，辛格也发现发展中国家为了发展经济，抛弃了自己的文化，丢掉了自己的身份认同，人际关系变得冷漠了，他们都以学习和模仿西方文化和生活方式为荣，以自己的传统文化和生活方式为耻。这些国家在现代化的过程中迷失了自我。从这些国家的经历中，辛格意识到了保存自己的传统文化和生活方式的重要性。这是立国的根本，也是国家最宝贵的财富。这些让他思考国家应该寻求什么样的发展模式。

廷礼说，辛格在继位后，用了两年的时间周游全国，了解国情民情，倾听民意，看看人民有什么想法，对国家发展有什么意见和需求。20 世纪 70 年代的不丹还比较穷，道路建设比较滞后，很多地方都只能靠步行。他走遍全国，发现老百姓特别是农民生活很不易。他发现国民都有一个共同的理想，就是希望活得“快乐”。这让他颇受刺激。他回来后，开始研究政府的文件、规划纲要等等，发现所有的文件都没有提到如何让国民过得更“快乐”，有的只是 GDP 和 GNP 这些没有生气的统计数据。接着他想看看有没有其他国家有过追求快乐的尝试，然而，非常遗憾，在当时，没有国家把幸福作为国家建设目标，也没有在实践中以国民幸福作为核心价值。他看到的是大家都把收入和财富的积累作为目标，统计数据也只关注这些，“幸福”似乎被遗忘了。

辛格通过对发展模式的思考和从民间走访中了解的情况，猛然感到，国家发展不就是要让人民生活得更加幸福吗？幸福不就是我们发展的终极目标吗？既然如此，那为何不以国民幸福总值代替国内生产总值呢？从小深受佛教教义影响的辛格非常清楚精神上的富足对于不丹人的重要性，受佛教文化影响较深的不丹人民对心灵和精神上的满足的要求是很高的，他们对于吃喝反倒不是那么看重，这种精神上的追求是不同于西方社会的物欲横流的。这恰恰是不丹最为珍贵的精神财富。他深切感到国家建设应该以让国民生活幸福为目标，不是单纯只考虑经济发展，政府的发展规划就要以提高国民的幸福感为目标，也就是说政府的一切行为都以是否能改善国民生活，让他们更加幸福为标准，而不是国民幸福让位于国家建设和经济增长。GNH 就是在这样的背景下被提出来的，它强调的是物质和精神双方面的幸福。

GNH，实际上是一个致力于实现以上社会和经济发展目标的发展理念。在这里社会经济发展和大众的精神、文化以及情感需求都享有同等重要地位。经济增长只是改善社会需求的一个方面，而不是发展的全部。不丹把这一理念制度化为国家发展战略并落实到实践中。

（二）发展：幸福是目标不是方式

20 世纪 70 年代不丹四世国王辛格提出 GNH 是个伟大创举，那么 40 年后，这个概念有没有新的发展呢？辛格是怎么看待今天的社会发展的呢？作为一个既懂得西方文化又深受佛教教义熏陶的国王，他在经历了这么多年的发展和改革过程后，有什么新的理解呢？看看他本人是怎么说的，更有说服力。辛格在一个国际会议场合公开讲述了他对于国民幸福总值的认识和对世界发展的看法，也许能启发大家对幸福中国的思考。

在辛格的理解中，幸福是人们都渴求的终极目标，但在现实中我们并不需要去盯着这个目标，我们所做的一切都是实现这一目标的方式。现实中，人们很容易混淆目的和方式之间的区别。大家以为经济增长就是发展的目的，而没有意识到经济增长只是发展的一种方式。结果很多为发展而牺牲环境、为发展而拆古迹、为发展而挖祖坟的行为层出不穷。

令人欣慰的是，自从 20 世纪末以来，大家已经开始反思，大家都意识到需要寻找一个更清晰的目标和更合理的发展方针，因为大家越来越不满意人类社会的发展没有一个明确的和有意义的方向推动社会向前发展。这一点值得注意。说明大家已经逐步认识到目的和方式的区别，意识到传统的经济发展模式是有缺陷的，这种发展方式是不可持续的，而且单纯关注经济总量增长不是社会发展的终极目的，人类社会的发展应该有更高的目标和要求。就这一点，现在基本上已经形成了普遍共识。所以有必要提出更合理的人类发展方针和理念——国民幸福总值。

首先，国民幸福总值是个整体性概念，不是单纯的物质满足，而是包括精神和情感。物质财富的增长固然会促进个体物质生活的丰富，但精神福祉是更重要的、不可或缺的方面。

其次，这个整体性概念所指不是单个个体的幸福，而是整个社会的幸福，它强调的是所有人的总体性幸福度。

第三，在国民幸福指数理念看来，幸福不应该被视为又一个竞争性商品，让大家去争相追逐。国民幸福总值寻求的是集体幸福，政府应该是在更大的社会背景下，为每一个个体提供实现可持续幸福的最佳机会。此外，在追求幸福的过程中，国家和政府不能袖手旁观。国家必须尽到应尽的义务和责任。也就是说政府应该为国民的幸福创造机会和条件，营造良好的氛围和环境。幸福是一个整体性的概念，没有整个国家和社会的幸福，单个个体的幸福不是真正的幸福。如果大家都沉迷于自我享受，不负责任、不惜一切代价地追求自我福利最大化，那么在幸福追逐的游戏中最后受伤的将是大家。政府应该在这个过程中起到应有的作用，致力于建立和促进这些条件的生成，从而让大家都能在健康的环境下追求幸福。政府应该通过国家政策来让国民都到达一个基本的幸福标准，为此需要利用各种资源积极主动地干预，这种干预和参与是为了促进幸福，毕竟政府应该在这个过程中起主导作用，国民是否幸福，政府负有主要责任。

第四，幸福是大家都向往的目标，因为它超越意识形态或有争议的价值观，而且它也是随意性比较大的，不像经济指标那么具体和可操作性比较强。这也就让国民幸福总值这一理念必须是根据各自的文化传统来规划设计。也就是要因地制宜，没有统一性的标准。

第五，国民幸福总值是一个指导发展的哲学思想或者理念。尽管，现在不丹政府已经适应全球发展趋势，制定了一套指标体系就像计算国内生产总值一样来测量国民幸福总值，但这不妨碍国民幸福总值仍然作为发展理念而存在，指标体系的构建只是适应现代化的一个举措而已。

不丹的国家发展政策，借鉴了许多佛教文化，这些思想都是致力于实现全体国民的幸福。早在1675年一个类似于“社会契约”的佛教条例就宣称在不丹所有众生的幸福和佛陀的教诲是互相依赖的。1729年的法典进一步规定，法律必须促进众生的幸福。众所周知，佛学是调节和管理人们内心的心灵感受和情感的“科学”。因此，文化知识和教育在传统社会的一大目的是调节心灵为芸芸众生带来幸福感。启蒙内在的自我和人性成为一个比驯化和操纵个人甚至国家更大的任务。幸福也在于个体内心的修为。这有助于解释为什么不丹人有一种禀赋，这让不丹人在考虑发展问题时采取的是整体性的思维方式，而且也容易理解为什么不丹把幸福作为发展的目的。佛教在当中起着核心作用。

国民幸福总值已经发展出来一套测量指标体系。不丹的国民幸福总值理念早期只是指导不丹政府制定发展规划和政策的指导思想，现在已经发展成了拥有九大领域72个指标的发展指标体系。大多数发达国家和发展中国家的发展模式中都没有明确说明以国民幸福作为发展目标，当前的发展措施中也不以幸福为导向。幸福被假定为是社会和经济政策的附属结果。尽管如此，今天已经提出了不少发展指数，如人类发展指标（Human Development Index）、可持续经济福利指数（Index of Sustainable Economic Welfare）和千年发展目标，以及在加拿大新斯科舍省率先推行的真正进步指数（Genuine Progress Indicator），这些都是比较先进的指标，值得进一步关注。同样，还有其他机构和个人，无论是在北美还是在欧洲，都在做着类似的工作。对于这些研究，应该秉持一种开放的心态，相信不同的方法和由此产生的结果可以导致不同的国民幸福目标。

一个社会如果发展导向出了问题，那么这个社会必然是不正常的。当前的社会沉浸在追逐虚浮的繁荣之中，大家都以纸醉金迷的生活为享受，而冷静下来又感到空虚，这种矛盾而又迷茫的生活不是大家所想要的幸福生活，可是又不知如何解脱，这是很悲哀的。可喜的是，最近几年，越来越多的媒体、学界、政策研究者和社会工作者都开始对快乐这个问题产生了兴趣，投入不少精力在这一领域。把幸福作为一个基本的社会发展目标已经成为实证研究和理论研究的一个新的热潮。这表明大家都对当前的发展不满意，开始反思：我们到底在做什么，我们要到哪里去，我们生活的目的和价值到底是什么。相信今天公众日益关心公共利益和关注幸福应该不是昙花一现的，而是长期的、持续性的，因为幸福还未实现。

（三）成熟：幸福需要四大支柱

如果促进幸福是GNH国家的主要目标，那么这个国家的制度安排应该反映这一价值理念，它的公共政策应该以此为导向。当然，GNH国家到底是一个什么样的国家，仍然还没有很清晰的定义。西方现代民主国家有现成的样板，相关研究也很多；社会主义国家也有相关研究和讨论。唯有

GNH 国家仍是个新鲜事物，还需要更多的关注和讨论。

不丹的 GNH 虽然提出很早，但是一直以来都只是强调在政策制定和执行中要考虑国民幸福总值这个目标和因素，以此来衡量政策和规划的可行性和恰当性，并没有提出具体的指导意见，这在一个国家早期的发展中是可行的。到 20 世纪 90 年代末期和 21 世纪初，不丹政府跟外界交流逐渐增加，一方面是适应外界的需求，需要更清楚明确地讲述不丹的 GNH 理念，就要用外界通用的语言来表述不丹的发展理念；另一方面是不丹发展战略的具体化，不丹在经过几十年的发展后，已经具备了一定的基础，GNH 的理念应该落实成具体的政策，随着政府事务越来越多，在一个现代政府里面，目标明确清晰应该是一个重要的标准。于是，不丹政府提出了不丹的 GNH 建设主要是从四个方面着手：可持续和均衡的社会经济发展、环境保护、文化保护与促进、政府善治。他们从这四个方面推动国家建设和改善民生，让老百姓感受到幸福。这四大支柱是不丹政府贯彻落实国民幸福总值理念的具体表现，这些是根据自己的实际情况而厘定的发展之路，不一定适合其他地方。实际上，国民幸福总值是一个更广泛和具有更深刻内涵的概念，它作为发展思想是用来指导各国的发展的，而不是一套固定的模式供人模仿的，各国各地需要根据国民幸福总值理念结合自己的实际找出适合自己的发展之路。

二、GNH PK GDP

法国总统萨科齐非常不满意当下的经济和社会统计信息，于 2008 年 2 月委任诺贝尔奖得主约瑟夫·斯蒂格利茨和阿马蒂亚·森和经济学家让-保罗·菲图西组成“经济绩效和社会进步测量委员会”，对GDP作为经济绩效和社会进步测量指标的局限性进行研究，并提出其他的测量社会进步的指标，同时分析其可行性。这份报告出炉后，对当前各国的社会进步的评价影响较大。美国和英国也投入资金和人力研究幸福问题。号称全球顶尖的“幸福指数”研究机构——美国的世界价值研究机构，设立在密西根大学，由罗纳德·英格哈特教授负责。英国首相大卫·卡梅隆支持该国正在进行的一项关于幸福经济学的研究，并于2010年11月宣布计划建立衡量国民幸福感的指标，这些指标将会纳入人们的生活满意度等因素。英国社会流行病学家理查德·威尔金森和凯特·皮科特在《精神水准》一书中指出经济增长能够给人类带来的福祉似乎已经到达极限了，难以再有更多的价值，社会发展需要寻求新的路径。而GDP概念的提出者诺贝尔奖获得者西蒙·库兹涅茨也不认为GDP是“国家的福祉”。沃尔顿世界研究中心的亚历詹卓·阿德勒·布劳恩在访谈众多学者和官员，尤其是不丹官员后，也认为GDP存在不少问题，GNH却可以超越GDP成为一套理想的测量指标体系。

（一）GDP原罪

既然GDP已经成为过街的老鼠——人人喊打，那我们有必要先看看GDP到底是什么，有什么价值。GDP实际上是指在一定时间内一国经济所产出的服务和商品的市场价值总合。也就是说GDP只是简单地测量有多少钱转手了，即一国的产出，从来不是什么社会进步的测量指标。然而过去30～40年，我们却习惯性地把它作为进步的重要考察指标。正如泰国朱拉隆功大学政治学教授Surat Horachaikul所言，

GDP 只是一个总数，仅此而已。我们怎么能够把社会进步社会福祉这么复杂的问题，用类似 GDP 这样的一个简单指标来评价呢，GDP 不能反映一个真实社会的很多重要组成部分。GDP 只是个平均数，它不能反映真实的社会变化，正如斯蒂格利茨所指出的，即便美国 GDP 从 1999 年到 2007 年稳固增长，然而大多数美国人在 2007 年都活得不如 1999 年的时候。尽管 GDP 在稳固上升，但是大多数美国人的生活水平总体在下降。GDP 不能反映财富分配状况，因而不能准确反映一国大多数居民的状况。这也说明反映社会状况的中位数的重要性而不是单纯的平均值，前者更能反应大多数国民生活水平的变化。

GDP 是基于价格计算的，如果价格扭曲了，那么 GDP 也不能反映真实的经济发展水平。一个很明显的例子就是房价。美国次贷危机前，房价高企，GDP 自然也就高，美国经济也被认为高增长。然而随着房地产泡沫的破灭，房价一泻千里，GDP 自然也跟着下落，美国经济也被认为停滞。

GDP 不能反映钱花在什么地方。简单而言，钱花得越多，GDP 也就越高。也就是 GDP 不关心钱是怎么花的，也不关心花钱的绩效，即便你是在浪费，也会为 GDP 的增长做贡献。所以有人开玩笑说，要 GDP 还不容易吗？不就是把房子拆了重建，公路没用两年重修，花的钱越多，GDP 自然越大，在中国耗资巨大的基建项目为何如此受欢迎也就在于此了。美国的人均医疗卫生支出比其他发达国家都要多，然而美国的医疗卫生的效率却不够理想，人均寿命、患病率等指标远低于其他发达国家。这说明这套医疗体系的效率很低。一个好的国家支出管理系统可以很好地反映出这种支出的低效性，然而 GDP 却做不到。它只能告诉别人该国的医疗投入很多，很重视医疗卫生。医疗作为一项重要的公共政策，决策者获得的不同指标信息做出的决策可能完全不一样。如果是反映质量和效率的指标可能会让决策者们做出更加明智的决定，前提是有这样的指标被量度了。

另一个具有讽刺意味的例子是美国的监狱建设，美国有很高比例的人口在监狱中，很多州花在建监狱上的钱比用在建大学的钱上还多。很滑稽的是，越多人被送进监狱，越多的监狱要被建起，GDP 就越高。可见犯罪也能促进 GDP 的增长。如果把人杀死了，会产生相关的安葬费用；如果受伤了，那要医疗费用的开支。然而 GDP 指标本身却不能反映出钱用在什么地方，用的效果如何，更不能反映这个社会的进步与否。联合国发展署常驻不丹的项目协调丽娜塔·得莎莉恩说："GNH 包括了发展的质和量两个方面，而 GDP 则仅仅只是一种量化标准，不管政府做得好还是不好，这套指标都是这样测量的。比如，当一个病人接受要务治疗和健康保健时，不管他是否康复了，GDP 都是在增长的。但是 GNH 却不一样，它不仅仅是一种定量和定性的结合，而且还提出了对幸福本质的深刻哲学思考。而且根据每个人视角的不同，它允许有相对意义上的幸福。"

GDP 也不能反映经济增长的环境和社会外部性。大家都知道美国的发展模式就是用得越多，浪费得越多，GDP 增长率越高。这种发展模式不适合中国。以中国现在的人口计算，整个地球上的资源也不够中国以美国的方式发展到美国现在的水平。这种不计环境和社会承受力的发展是不可持续的。这也就是为什么今天政府要提出改变发展模式。资源友好型、环境友好型的示范区的建设也正是考虑到资源和环境的承受力的问题。毕竟资源总有用尽的一天。然而 GDP 却不管这些。

（二）GNH 拯救 GDP

既然 GDP 有这么多的问题，那么有什么更好的方式来度量社会发展和进步呢？其实上面说了很多 GDP 的问题，其实核心问题就是以 GDP 为代表的一系列指标只是测量投入，只关心“量”而不关心“质”。而与民众密切相关的社会福利，如教育、医疗、公共住房、公共体育设施却没有很好的量度它们的实际效用。传统的测量是关心投入多少，而不是这些设施的实际产出，也就是不关心“质”的进步。

斯蒂格利茨所领导的研究委员会的报告提出了一系列的建议。这个委员会吸纳了各方面的专家，这些学者的研究领域广泛，包括研究经济学、社会资本、身体和精神幸福等各个方面。他们认为测量的重点有必要从测量经济生产转向测量大众的幸福上来。

首先在测量物质幸福时，应该关注收入和消费水平而不是生产水平。这样才不会被 GDP 的增长所迷惑住。另外，在考虑收入和消费时应该结合财富一起考虑。一个家庭利用现有的财富在消费上会增加当下的幸福感，但是这是以牺牲未来的幸福感为代价的，这种幸福是不可持续的，也不稳定。所以只有考虑整个财富量的情况下测量收支水平才能反映比较稳定的幸福感。这一点是测量中比较容易忽略的一点。接下来的就是针对 GDP 测量不能反映财富分布状况的问题，在新的测量中要考虑收入、支出和财富的分布情况，这样能更准确地反映进步的内涵，发展是否给大多数人带来了幸福，还是只给少数人带来了满足感。

其次，他们通过总结其他学者的研究成果，归纳出八个维度的幸福感，即物质生活水平（收入、消费和财富）、健康状况、教育、个体活动（包括工作）、政治利益的表达和治理、社会关系网、环境（现在及将来）和安全感，在测量幸福感时有必要同时考虑这几个不同的方面的情况。

最后，要重视个体的感受，多从个体的角度来测量社会进步程度，毕竟社会是人组成的社会，社会个体感觉不到幸福，整个社会不可能幸福和谐。个体幸福感的客观和主观测量都很重要。一方面，生活质量是基于人民的客观生活条件和能力，因此政府应该致力于改善人们的健康、教育和个体活动以及环境；另一方面，政府应该发展人们的社会关系网和政治权利，增加他们的认同感和安全感，毕竟幸福既是客观存在的也是主观感受的结果。个体幸福感的测量不可避免地涉及到价值选择，但是基本达成共识的是：生活质量的高低是基于人们的健康、教育、日常生活和政治参与的过程，以及他们所处的自然和社会环境，当然也包括影响个体安全感的因素。量度所有这些特征需要主客观双方面的数据。应该说斯蒂格利茨他们的研究为未来幸福导向的国家建设提出了有建议意义的意见。

三、GNH成为世界名片

不谋而合的是，不丹提出的GNH建设和斯蒂格利茨他们的很多建议是相似的，或者说不丹实践这套理念已经30多年了，这一次似乎是实践走在了理论前面。从20世纪70年代起，不丹的发展理念就确定为以国民幸福为指导原则，并以此指导国家政策和发展规划的制定和执行。随着时间的推移，这一理念也变得越来越清晰，量化指标也逐步发展起来，不丹研究院先后设计了多份国民幸福总值调查问卷来调查国民的幸福感，并且已经对全国进行了抽样调查，发现了一些问题，并引起了外界的关注。

虽然早在20世纪70年代初期不丹就提出了GNH，但这一理念在不丹之外被提及最早还是在1979年印度的报纸上，当时印度报纸大篇报道了不丹的国民幸福总值的治国理念，讲述了不丹国王的理想和追求。随后是1987年《金融时报》上刊发了一篇关于GNH的报道，在这篇报道中，四世国王辛格提出了“国民幸福总值比国内生产总值更重要”的理念。在一切都以物质财富的积累为目标的潮流中，这一论断难能可贵。而不丹被国际社会所真正广泛关注，则始自1998年在韩国召开的联合国千年发展计划大会。这次大会后，各国都开始研讨不丹提出的国民幸福总值的概念，包括日本、荷兰、泰国等，还有一些世界性的组织等等。今天GNH已经成为了不丹的一张世界名片，人们谈到不丹时，不仅是它那令人神往的美景、英俊潇洒的国王和美丽的王后们，而且还有那大街上、深山里一张张质朴而又洋溢着幸福的笑脸。不丹人的身影开始出现在各种场合，在联合国大会上、在世界环保论坛上、在世界幸福大会上，宣扬他们幸福治国的理念。他们不光是希望他们的理念能给本国国民带来幸福，更希望为全球发展带来一条新的路径。

如今的不丹风头正劲，国民为幸福王国而奋斗着。

第三章

幸福支柱一：可持续、均衡的社会经济发展

我们并不需要快速的现代化发展或者大型工业建设。我们要的是以就业为导向的发展，这样我们受教育的年轻人都能够在社会中找到适合自己的位置。

——不丹四世国王吉格梅·辛格·旺楚克

不丹在过去50年的社会经济发展中，已经取得了巨大成就。自1980年以来的GDP年均增长率为7.6%，其中20世纪80年代的增长率为7.4%，20世纪90年代的年均增长率为5.9%，21世纪的头几年又达到了7.9%，2007年的GDP增长率更是达到了21.4%，可以说是一个奇迹。1972年辛格上台的时候，不丹财政收入只有40百万努，到1990年的时候已经达到1000百万努，到今天已经增长了几百倍。人均收入从1972年的80美元，到1990年增加为190美元，2005年增加为715美元。2010年人均国民收入超过了2100美元，比邻国印度还要高。更重要的是，不丹的医疗和教育基本免费。不丹经过几十年的发展能够有今天的成就，主要在于他们清楚地知道自己“要什么”和“不要什么”。对这个选择题，他们有非常明确的答案：他们“要”追求“平等”，他们“不要”因为追求经济发展，而出现“失衡”的社会与环境。所以他们提出了可持续的、均衡的社会经济发展策略。一方面，他们不拒绝发展，他们看重的是发展的方式和质量；另一方面，他们注重社会发展的均衡性，让所有国民都享受到发展带来的好处，为大家提供机会，让大家都能获得同等的机会实现各自的幸福。

一、一要发展二要均衡

GNH 的发展理念认为发展应该是可持续的一个动态过程，倡导在个体和社会的物质和精神追求中寻求一种平衡。换句话说，GNH 实际上是一条精神和物质追求的“中间道路”，希望在两者之间寻求一种平衡。不丹的 GNH 理念承认经济增长的重要性，毕竟经济发展了才能够支持和滋养社区的精神和社会需求，但经济发展不是目标本身，而只是诸多实现整体发展的手段之一。

不丹政府从来没有否认要发展经济，相反，他们认为良好的经济发展能够帮助国民解决温饱问题，改善他们的生活水平，早日步入现代社会。经济发展是社会发展的基础。只有有了好的经济条件，政府才有能力和财力为国民提供良好的公共服务。

不丹国王和他的政府都认识到经济和社会发展的重要性，但是他们认为发展应该是可持续的、应该是均衡的，应该是让国民都能享受到经济发展的成果，而不是为少部分人发展，也不是以少部分人的利益为宗旨，更不是以牺牲一部分人的利益为代价，这些都不是不丹所要的。以整个社会的发展为核心目标，这才是不丹所追求的经济和社会发展。发展不应该是竭泽而渔。

不丹地处喜马拉雅山脉腹地，主要的资源就是水力和森林，而这两样都是深受自然环境影响的。环境恶化，直接导致冰川融化，整个不丹都可能被淹没在水中，人民的生存都成问题，何谈发展和幸福？另外一个方面，可持续的发展也应该是要保证发展是可延续的、可长久的，而不是临时性的，缺乏长远规划的。政府在规划发展计划时要考虑行业发展的可延续性，即便是短期项目也应该考虑可替代的项目。当然这些规划都必须以不丹的实际情况为基础，以不丹的文化背景为依托，以国民幸福为宗旨来设计。否则空中楼阁式的设计规划再美好也没有意义，反倒会阻碍正常的社会发展和进步。所以不丹政府非常重视发展的可持续性，可持续性的发展能够带来稳定的政府收入、为国民带来稳定的工作机会，以及稳定的社会环境。均衡的发展是不丹国王在意识到西方发达国家的问题后提出的一个重要原则，国王在西方社会看到一方面是繁花似锦的都市，一方面是破烂不堪的贫民窟，不丹人民心目中的幸福应该不是这样的，他们应该是享受到同等的待遇，而不管是在城市还是在乡村，不管是在平原还是高山，大家都应该是接受一样的教育和服务，发展不应该是扩大贫富差距，而应该是缩小差距，让大家都享受到发展带来的好处。

正如不丹内政部长所言，不丹还是个穷国，在不丹的很多地方，老百姓的生活还比较艰苦，为了让他们快乐，政府必须促进经济和社会发展，以使得国民得到教育、拥有工作、有房子住、有安全保障，以及其他的公共服务。从而基础的经济和社会发展就显得尤为重要。没有良好的经济发展水平和充实的国库，国民怎么可能安居乐业呢？所以不丹的政策一方面是要发展，另一方面是要确保发展的收益均衡地分配到全国各地，包括城市和农村，让大家都能享用同等水平的福利待遇。他以教育均衡为例，他说在不丹，教师是经常轮换的，这学期在首都廷布的老师下个学期就被分配到北部高山地区，这样做的目的是让大家都享受到好的教育，当然教育基础设施是要保证都配齐的，而且是在一个水平的。

正如 1989 年自愿进入不丹从事教职，并嫁给不丹人的加拿大教师洁米·惹巴在接受台湾的《商业周刊》专访时所言："不丹经验提醒我们，快乐不是随机降临在人们身上，它来自选择的结果。"她是少数有机会亲身经历不丹这些年的发展变化的外国人，她既是一个旁观者，也是一个亲历者，她见证着不丹的发展。

二、可持续、均衡的社会发展

不丹在注重经济发展的同时，投入了大量人力、物力改善国民的教育和医疗状况，让国民都能过上好日子。这些年来，不丹在社会发展上的成绩是令人瞩目的。仅就历史数据而言，不丹的成绩已经很明显了。在儿童免疫率、入学率、安全生活用水、基本医疗服务、道路建设等方面，已经有了很大改善。"九五"计划期间，不丹的基本医疗覆盖率已经超过90%，免疫覆盖率也维持在85%以上。基本医疗服务的普及改善了国民的健康状况。从一系列的健康指标中可以看出这种显著改善。尤其是对于这个偏远的山区国家而言，一切都是从无开始，确实不容易，可以想象只有一个机场、两架飞机的国家，要完成这些现代化的改造，需要多大的投入。正是随着公共服务的改善，不丹人民的生活逐渐改善，他们的幸福感也逐渐增强。

任何发展都是基于足够的自然资源和人力资源，光有丰富的自然资源，如果没有受过教育的健康的国民去开发利用，也是空有美景。对不丹而言，丰富的水电资源、大量的树木和矿藏都是经济和社会发展必须的条件。然而过去不丹一直得不到发展，一个重要的原因就是缺乏足够的人力和技术来开发这些资源。不丹政府意识到人的重要性，在人力资源的开发上毫不吝啬。健康和教育是人的发展的两个基本问题，健康是解决人的生存的问题，教育是解决人的发展能力的问题。不丹政府从“一五”计划开始就把提供免费教育和构建免费的医疗体系作为重点投资领域。

（一）再穷不能穷医疗

不丹政府非常重视国民的健康问题，把国民的卫生健康列为重点建设领域。为了改善医疗状况，政府采取了各种措施：其一是构建覆盖所有国民的医疗体系；其二是改善饮用水，让国民都用上安全的生活用水；其三是建立保健体系，防患于未然。这三项措施经过几十年的实施，不丹已经初步建立起了自己的医疗和保健体系，大多数国民已经用上安全饮用水，一些传染性疾病逐渐消失。

1. 覆盖全民的医疗体系

在不丹现代化建设之初，医疗和卫生状况相当恶劣，缺乏安全的饮用水，各种传染病肆虐，大多数国民基本得不到任何医疗保障。当时的死亡率比较高。经济状况差，生活条件差，寿命缩短，已经形成了恶性循环。

不丹政府意识到有必要从改善国民的健康状况着手，加大政府投入让老百姓都能健健康康的。政府一开始就知道老百姓没有钱，他们连基本生活都难以解决，又哪里有钱看病呢？所以政府完全承担起公共卫生职能，尽管当时不丹也是穷国，一年的财政收入也少得可怜，没有什么大的税收来源。政府主动承担起这项开支颇大的公共职能还是要勇气和胆识的。难得的是政府能够一直坚持免费为国民提供基本医疗服务，不遗余力地致力于改善国民健康状况。

从几个五年发展计划可以看出政府对公共医疗卫生领域

的重视程度。而在最新的2010～2011财政年度，卫生支出占年度财政支出的7%，总支出达2470.420百万努，除了教育、农业和交通之外，其支出比重高于2%的工矿业、4%的房地产、6%的电信和4%的能源等领域的投入。这种支出模式不同于其他发展模式。大多数国家的理解是先经济，经济发展了，财政有钱了再来投资医疗、教育等公共领域，也就是反哺。在这种理念下，是希望蛋糕做大，做大了就有更多的钱用在这些不能直接产出的领域。

但是不丹的理解却不一样，支出总规模总是一定的，资源总是有限的，问题就在于资源分配的理念。如果是看重经济发展而不是社会公平正义，那么资源分配自然会向经济领域倾斜，反之，如果政府觉得国民健康幸福更重要，让国民都能平等地享受应该享有的一切公共服务，那么政府会把资源更多地用于社会发展领域，为国民提供均等的公共服务。不丹把国民幸福视为社会发展的最高目标，在实践中致力于为所有国民提供基本的公共服务。医疗卫生即是其中非常重要的一部分。

不丹政府从“一五”发展规划期起，就投入较多资金到卫生领域。统计数据显示，从“一五”到“四五”，投资额从3.2百万努增长到54.6百万努，增长了16倍，而且这种增长还在继续。随着不丹经济水平的不断好转，外来援助不断增多，对卫生领域的投资也是越来越多。医疗体系的建设主要是硬件设施和人员培训，以及多层级的医疗和与预防相结合的体系。不丹政府首先是建立卫生局负责全国的医疗卫生事业的发展和管理工作，同时投资兴建医院、卫生所，采购医疗设备，培训卫生人员。早期工作的重点是控制传染性疾病，如麻风病、结核病、小儿麻痹症、碘缺乏症等。不丹政府建立了卫生学校培养基本的医疗人才，毕竟在初期阶段能够做的就是解决基本的问题，而不是复杂的手术等高级医疗人才。不丹政府意识到医疗人员除了要保证医院、卫生所的需求外，还应该在广大的农村地区都有，就像我国的赤脚医生，每个村庄都应该有具备基本的医疗常识的人员，然后在乡镇一级建立卫生所，在大的城镇和地区设立医院。对于专门疾病设立专门的医院，如建设麻风病医院收治麻风病人。在解决这些传染性疾病后，政府的卫生工作的重点开始转向母婴保健、产前产后护理、儿童免疫和计划生育工作。不丹政府把全国分为 9 个医疗管理区，各区在中央卫生部的领导下负责各管理区的卫生工作，这样分区管理的目的是为了提高工作效率，能够更加有针对性地提供卫生服务。

一方面是修建基础设施，到 20 世纪末期，不丹已经建起了 1 所卫生学校、29 家医院（其中包括 3 家陆军医院、5 家麻风病医院、1 家传统医药医院和 1 家运动医院）、15 个疟疾中心，共有 1000 多张病床；另一方面是培养更多的高质量的医务专业人才。到 20 世纪末，共有 9828 名传统医学医生和 928 名护士，不丹的医生有本地的传统医学的医生也有在海外接受西方医学训练培养出来的医学人才，这两类人才相得益彰，形成传统医学和现代医学相结合的方式共同为不丹人民的健康护航。截至 2005 年，每 1 万人口中医生数从 2002 年的 1.7 个上升到 2006 年的 2.3 个。而且这一数字还将不断上升。

不丹政府对于国内不能治疗的疾病，会送到国外医治。2005 年不丹政府为 500 名病人到海外就医共花费 80 百万努的转诊费。

不丹的医疗体系被世界卫生组织称为东南亚地区最好的体制之一，而且不丹 1998 年还赢得了世界卫生组织基本卫生服务的50周年纪念大奖。不丹资源有限，但在公共卫生支出上却不吝啬。根据世界卫生组织的统计显示，在2004年，不丹在公共卫生上的支出占GDP的4%，尽管有来自印度、丹麦、世界银行、世界卫生组织等国家和国际组织的援助，但是不丹政府仍然承担了64.2%的支出责任。而邻国印度的卫生支出占GDP的5%，比不丹还高，可是由印度政府自己承担的责任则只有17.3%，远低于不丹政府的支出比例。联合国开发计划署2006年的人类发展报告指出不丹的人均寿命高于其他南亚国家。根据联合国儿童基金会的数据，不丹5岁以下营养不良儿童的比例为19%，而印度为47%，同处南亚的孟加拉和尼泊尔都达到了48%。而且不丹的5岁以下儿童死亡率也从1990年的166‰下降到2005年的75‰，下降了55%，而且这一数字仍在继续下降。产妇死亡率也从1984年的十万分之770下降到1994年的十万分之400。初生婴儿死亡率从2000年的60.5‰下降到2005年的40.1‰。而且联合国儿童基金会2007年的报告显示不丹95%以上的家庭都用上了含碘盐，而印度只有不到57%的家庭使用上了含碘盐。不丹93%的儿童都接种了肺结核、肝炎、小儿麻痹症、白日破等疫苗，这一比例比印度和孟加拉都要高。

医疗卫生在不丹各五年规划中占总投资额的投入比重为："一五"2.9%，"二五"8.3%，"三五"8%，"四五"4.9%，"五五"4.4%，"六五"4.2%，"七五"6.6%，"八五"8.5%，"九五"10%。

从1961年到1971年的"一五"和"二五"计划主要是关注改善交通设施、加强基础设施建设、改善国内的交通和联系，为今后的经济发展和内部交流提供便捷的通道，所以在初期卫生和教育事业没有成为主要任务。随着不丹新国王的上位，国民幸福计划的推行，教育和卫生投入的比重增长颇快，几乎都是成倍地增长。大量的资金投入直接带来了国民整体素质的不断改善。

2. 改善饮用水

不丹国民的生活用水都是直接来源于河流和泉水。由于没有经过净化处理，人畜粪便污染严重，大量蚊虫得以繁殖，传播疾病。根据不丹卫生部 1979 年的报告记载，因粪便传染而感染的患者占所有传染病患者的 72%，占全国总患病人数的 24%。可见饮用水的安全对于国民的身体健康是多么重要。不丹政府从 1974 年开始，在联合国儿童基金会的帮助下，解决国民的生活用水问题。政府开始有计划地在村庄和城镇地区建设饮水工程。到 2005 年的时候不丹 84.2%的城镇居民和 75%的农村居民都已经用上了清洁安全的自来水。同时政府也要求国民注意健康卫生，养成好的卫生习惯。首先就是要各家各户修建厕所，到 2005 年的时候，89.2%的国民都用上了厕所，其中绝大多数城镇家庭都用上了马桶，86.6%的农户都能使用上简单的公用厕所。安全饮用水的改善和国民卫生习惯的改变极大地改善了国民的健康状况，传染病已经逐步减少。

3. 建立保健体系

不丹政府除了重视疾病诊治外，还着力于防病于未然，积极加强疫病预防工作。从 1979 年开始，不丹政府即实施全民免疫计划，在世界卫生组织的帮助下，不丹政府对所有儿童实施了白喉、百日咳、破伤风、小儿麻痹症、肺结核、麻疹的免费免疫计划。到 1986 年的时候基本根除脊髓灰质炎，1992 年麻风病也基本消失。尽管艾滋病对于不丹来说仍是个新鲜事物，但是不丹政府仍然建立了艾滋病毒和人类免疫缺乏病毒鉴定的实验室，用来检验疑似感染者。

早在20世纪60年代，英国医生就在不丹发现碘缺乏症造成了甲状腺肿的普遍。不丹政府自己做的调查也发现碘缺乏症造成甲状腺肿病人比例高达65%。从1985年开始，不丹政府在国内建立了自己的碘盐厂，把从印度进口的食盐在碘盐厂里加工成碘盐供国人使用。在1992年不丹政府的第二份碘缺乏症的调查报告中指出甲状腺肿疾病的患者已经下降到25%，而全国96%以上的人口都用上了碘盐。到第三份报告出来时，甲状腺肿的病人已经降低到5%以下，到2003年时，不丹通过了世界卫生组织关于碘缺乏症所规定的10项指标，公认为标准的碘营养国家，而这是南亚第一个获此殊荣的国家。

为了减少初生婴儿死亡率和产妇死亡率，不丹政府在一些偏远地区实施了“家庭安全分娩套件”，主要材料包括肥皂、纱布、消毒剂、线、刀片和塑料床单等。当地卫生单位免费为孕妇和小孩提供安全检查和护理服务。比如妇女要检查是否有破伤风感染，是否有贫血等等。

（二）再穷不能穷教育

不丹经济水平虽然不高，对教育却是一点也不吝啬。政府在教育上的预算支出一直处于国家支出中的主要地位。《宪法》中规定政府应该对所有的适龄儿童提供免费的十年义务教育，并且为所有学生提供公平地进入职业技术学校和高等学校学习的机会。不丹政府几十年来也是一直秉持着免费教育这一理念。

1. 普及教育

不丹在1961年开始第一个五年计划的时候，只有11所学校 400 名学生，其他的主要是为喇嘛和尼姑开办的宗教学校。随着不丹政府对教育事业的持续的大量投入，不丹已经初步建立起了包括基础教育、高等教育、职业教育和特殊教育的相对比较完备的现代化教育体系，为不丹的社会和经济发展提供了大量人才，国民受教育水平也得到了极大提高。截至 2010 年，共有各级各类学校共 1582 所，学生 20.7099 万名，教师 8947 名。适龄儿童入学率、国民识字率等指标都有较大改善。

为了让更多的适龄儿童入学，政府也加大力度，一方面筹集更多的学校和教学点，增加容量，每个五年计划中都有不少学校建设的项目。不丹政府不仅从财政中拿出专款建设新的校舍，而且积极从海外寻求援助帮助本国的教育基础设施的建设。随着学校的增加，越来越多的学生得以进入窗明几净的新教室享受教育的快乐。普及速度之快从 2002 年到 2010 年的数据变化中就可见一斑。在 2002 的教育统计中，不丹只有 49827 名小学生在 182 所社区小学、97 所中心小学求学，共有 1284 名教师负责他们的教学；69643 名学生在 65 所初级中学、27 所中级中学和 12 所高级中学学习，有 2169 名教师负责这些学生的教学工作；另外有 3813 名学生在 14 所私立学校学习。而 2010 年不丹教育统计年鉴显示，不丹现有 54818 名学生在 266 所社区小学、85 所中心小学和 11 所私立小学就读，教师人数达到 2405 名，师生比为 1∶23。升入中学的学生会进入全国 88 所初级中学、51 所中级中学、30 所高级中学和 16 所私立中学继续学习。大概有 49375 名学生在七年级和八年级，37871 名学生在九年级和十年级，28341 名学生在十一和十二年级。4662 名教师负责这些学生的教学工作，师生比达到了 1∶25。短时间内，不丹的中小学校已经从 2002 年的 397 所增加到 522 所，学生数从 12.3283 万增长到 16.9746 万，教师人数也从 3453 名增加到 7067 名，几乎翻了一倍。2010 年的小学适龄儿童入学率已经达到 93%，而在 2006 年才只有 80%，可见发展速度之快。不丹政府的《2020 发展纲要》中计划到 2013 年所有的适龄儿童都能够进入学校学习。

大学更是从一无所有到 2010 年已经建成了涵盖教育商学等多个学科的皇家大学，不丹皇家大学下辖 10 个学院，有自然资源学院、科技学院、语言文化学院、理工学院、传统医学学院、卫生学院、商学院和教育学院等，共有学生 4926 人，教师 792 人。此外还有一所私立的皇家廷布学院有 317 名学生、23 名老师。另外还有 9 所职业教育学院，主要培养各种专门的技术人才。另外不丹还有近 4000 人在印度等其他国家的大学深造。

不丹是希望让所有人都接受教育，对于偏远地区的学生，不丹采取了多种方式来满足需求。除了设置教学点以外，还与澳大利亚的新英格兰大学合作开始多媒体远程教学，并且开始培训教师。除了正规教育外，不丹还设立了残疾人学校为让这些孩子早日融入社会提供学习和训练机会。

政府还在各个区设立了教学中心为成年人提供学习机会，培养他们基本的读写能力。主要有两种课程，一种是基础课程有 12 个月，另一种是中级课程有 9 个月，每天晚上 2 个小时的课程。学习结束，大致相当于八年级学生的读写能力。这些学生都是附近的农民，他们白天干活，晚上来教学点学习文化知识。

2. 平等教育

不丹采用的是 7 年小学教育和 6 年的中学教育，上完这

13 年的课程就有机会进入大学或者职业技术学院进一步深造。中学教育以每两年作为一个阶段，6 年中学教育共分为 3 段，其中 7 年小学教育和前 4 年中学教育是宪法规定的强制性义务教育。不丹小孩子 6 岁就要开始上学。小学 7 年实际上类似于中国的学前班加上 6 年小学教育。在不丹自己的教育体系中，7 年小学的第一年也是为小学做准备的预备学习，类似于中国的学前班。小学 7 年学习结束后要参加一个全国的小考，这个小考由国家考试委员会统一命题，但由各个学校负责监考和改卷。考试合格的学生进入高一年级的初级中学继续学习。没有通过考试的就要复读，准备重新参加下一年度的小考。尽管由各个学校自己把握，但是目前仍只有 95%的学生能够正常地进入高一年级的中学继续学习。在中学 6 年，学生要参加 3 次国家级的考试，通过考试的才能正常升入高一年级继续学习，否则要复读重新考试。淘汰率随着年级的增高而增高。大概将近 90%的学生进入中级中学继续学习，因为这个仍然是义务教育阶段，淘汰率还不是很高，但是从中级中学到高级中学的淘汰率就比较高了，只有 30%的幸运儿能够留下来继续学习参加全国高考。可见整个中学阶段大概只有不到 27%的学生能够有机会参加高考。在所有的升级还是留级的判决中，都是以学生的表现和成绩作为标准。

不丹的基础教育从学前班一直到十年级都是免费的，所有国民都能享受到。十一年级和十二年级是非义务教育，十年级毕业的学生可以有三种途径，一部分成绩好的学生有机会升入高级中学为上大学做准备，可以选择他感兴趣的领域，在艺术、商业和科学三个领域中选一个，作为他今后的职业，这个分科就像我国高中的文理分科，选着艺术类的就参加艺术类的全国统考，选择科学的就参加科学类的统考。没有通过考试的可以选择就读职业学校接受专业技能培训，学习一门技能，或者直接进入劳动市场开始工作。如果家庭条件不错，可以选择私立高中，或者出国留学。

对那些没有通过考试的学生，一种是选择退学，一种是复读。2003 年政府为复读生共支出 81.4 百万努，如果学校提高教学质量，改善教学水平，那么更多的学生就可以通过考试继续完成国家规定的基础教育，而不用复读，复读实际上是在浪费国家宝贵的教育资源。在 2001 年的年度教育工作会议上，政府提出减免留级生的学费，同时要求教师更多的关心和照顾这些成绩不好的学生，让他们在最短的时间内完成规定的 11 年基础教育。随着教育部门的不断努力，复读率已经从 2002 年的 12.9％下降到 2010 年的 5.6％，失学率也从 2002 年的 5.4％下降到 2010 年的 1.7％，成绩显著。对那些调皮的学生，政府规定所有的小孩都要完成 11 年的基础教育，没有地区教育主管的书面同意，任何学生都不得被开除。这在法律上保证了所有小孩的受教育权。对于退学的孩子，政府认为是教师没有教好，毕竟这些孩子到社会上也会造成新的社会问题，所以要求学校加强教育管理，给这些学生更多的关爱，让他们在学校解决该解决的问题，而不把问题留到社会上。

从 2006 年到 2010 年，男孩的入学率已经从 80％上升到 93％，女孩的入学率从 79％上升到 95％。女孩的入学率比男孩还高，凸显出不丹没有出现其他国家所出现的重男轻女的现象，男女平等深入民心。另一组数据更能说明没有重男轻女的思想，从 2005 年到 2009 年男女生到五年级的时候仍在学校的比例从 86％增长到 92％，而女生从 91％增长到 95％。

国家妇女委员会成立于1981年4月9日，作为一个非政府组织，妇女委员会宣传和推动妇女儿童尤其是女孩的受教育的机会和权利，让更多的孩子有机会上学接受教育。

现在不丹经济条件仍然有限，教育资源有限，让国民感受到幸福不是去浪费教育资源，而是把资源利用最优化。在资源分配上，让大家都感受到公平与公正，这样才能避免不必要的不满。在不丹，每年要花1000多万努开办近30场研讨会，让各地的教师有机会就课程设计和英语教学等内容进行学习，提高教学质量，但是名额有限，不是所有教师都有机会参加，于是教育部要求各地区教育局在挑选参加培训的人员时避免一个人一年多次参加，一人一年只参加一次，让更多的教师有机会外出学习。同样，不丹作为一个发展中的国家，经济还比较落后，国家资源有限，尽管政府在教育投入上并不吝啬，但是教育资源仍是有限的，不可能所有教育完全免费，也不能让所有人都上大学，这里面还存在竞争，只能把机会留给优秀的学生。为了公平，所有的学生都必须参加国家教育委员会统一组织的考试，按照成绩来选拔优秀的学生进入大学或者到海外高校进一步深造。在政府公立教育之外，也允许设立私立学校以满足家庭条件好的孩子进一步学习的需要，私立学校主要是高中阶段的比较多，因为能够留在公立高中学习的学生只有不到30％，一部分没有通过考试的学生进入到这些私立高中进一步学习准备全国高考。不丹这样一个人口不多的穷国，皇家大学有近5000名学生，还有4000多人在海外求学，也就是说同时有近万人在不丹国内和海外上大学。另外人力资源部下属的学院也有几千人。对于一个欠发达的国家，这个成绩已经很不错了，在中国一个人口相当的中西部县，一年能够有两三千学生考上三本以上（含三本）的大学就是很不错的成绩了。

所有的教师至少要在偏远地区的学校工作三年，三年之后可以调往条件好的学校，其他老师再来接任。这种轮换制度保证了偏远地区总是有教师，而不会出现城镇老师富余、乡村教师不足的问题。而且这种轮换是不论老师的职称或者资历的，所有的老师在他的服务期内都必须到偏远的学校至少任教三年。所以偏远地区的学生也有机会接受到城市优秀教师的指导。而且这种调动可以是在区内也可以是在全国范围内分配，区内调动由地区教育局负责，全国范围内调配的要报国家教育部人力资源局统一安排。这种轮换制一方面利于不同地区的教师之间的交流和学习，另一方面也让不同学生接触到全国各地的老师，让学生能够通过他们的老师领略到全国各地的不同风俗和文化。除自己的国语外，很多学校都教授英语，甚至不少学校都是请的外教来教授英语。有一些对不丹生活感兴趣的外国人也乐意在不丹的学校教授英语。这样既可以合法地在不丹工作又可以领略特有的美景和文化。这也使不丹学生从小就有机会接受良好的英语教育，为今后的国际交流提供良好的基础。

3. 免费教育

让所有的国民都能接受免费的国民教育，这是不丹政府发展教育所秉持的理念，直到最近，不丹政府才开始让国民分摊部分教育支出，缓解日益增长的教育负担。尽管如此，不丹政府并没有减少在教育上的投入。从 20 世纪 60 年代初以来，教育占政府支出预算的比重一直都在 10%左右，即使有其他紧急情况，也不会缩减教育支出。在 2010～2011 财政年度，教育占总预算支出更是高达 16%，是单项支出中最多的，足见不丹政府对教育的重视程度。教育不光是免费的，而且政府还为学生提供免费的教科书、文具等教学用品。不丹的教育支出占其 GDP 的 5.1%。

从 1961 年第一个五年发展规划开始，教育支出就成为政府建设的重点项目。不丹的五年发展规划是通过计划的方式改善国内的基础设施建设，让国家的发展建设有计划地推进。主要是通过项目建设来完成计划目标。从下表中可以看出，教育项目支出占总政府投资至少也有 8.1%，最多时达到 23.6%，一般在 11%以上。这种大量投入令不丹的教育发展水平每年都会有明显的变化。

政府五年发展规划中教育支出与政府总投资

（单位：百万努）

政府五年发展规划	政府投入总资金	教育领域投入	百分比%
1st（1961～1966）	107.1	9.4	8.8
2nd（1966～1971）	202.2	35.7	17.7
3rd（1971～1976）	475.2	90.0	18.9
4th（1976～1981）	1106.2	134.6	12.2
5th（1981～1987）	4648.3	519.1	11.2
6th（1987～1992）	9559.2	778.8	8.1
7th（1992～1997）	15590.7	1738.0	11.1
8th（1997～2002）	34981.7	3292.7	9.4
9th（2002～2008）	70000.0	10209.4	14.5
10th（2008～2013）（执行中）	141692.2	33453.5	23.6

不丹的教育理念是从基础教育到高等教育都是免费的。除了不用交学费，政府还为学生提供文具、教科书、体育用品、食物、宿舍，以及其他需要的物品和设施。这一全民免费政策在不丹发展初期确实很有必要，那个时候国民生活普

遍比较贫困，难以有余钱为子女教育提供资助。随着经济发展，不丹人民的生活水平已有很大提高，已经有能力承担部分教育费用。于是从 1993 年起，在城镇地区学习的学生要自己买文具，政府不再为他们提供免费的文具。基本上而言，所有的学生都需要为学校发展基金出资，小学生每学年 30 努，初级中学学生每学年 100 努，中级中学和高级中学学生每学年是 200 努。实际上，家长出的这点钱远远不足以供给一个学生的年度开支。根据 2009 年的统计数据显示，一个小学生的人均年开支为 9876 努，其中寄宿的学生人均年开支为 15686 努，初级中学为 14311 努，高级中学学生的人均年度开支高达 29384 努。国家残疾人学校的人均年度支出更是高达 12.2516 万努。不丹皇家大学在 2009 年，生均支出最多的一个学院的年度生均支出达到 16.7285 万努，最低的也有 35424 努。而劳动人力资源部下属的职业教育学院最高的年度生均支出更是达到 37.9565 万努。而在 2005 年，这一数据还都在 10 万努以下。

随着医疗卫生事业的发展，人口越来越多，受教育的人也越来越多。另一方面，随着教育的进一步普及，越来越多的学生有机会上学，于是教育支出也随之不断增长。所有这些支出全部都由不丹政府埋单。对于国小财力不足的不丹而言，不能不说是一个巨大的负担。鉴于国民收入不断增加，越来越多的家庭有能力承担大学费用，不丹政府允许皇家大学从 2011 年开始收取部分学生的学费。2011 年只有 10％的新生需要交纳学费，2012 年 20％的新生缴纳学费，2013 年 30％的新生要开始缴纳学费。是否享受免费教育是根据学生在高中的表现来评判。表现好的自然不用担心要交学费。政府在允许学校收取部分学费时，并没有减少对大学的资助，而是转向项目建设。学生缴纳的学费还不到政府的生均年度支出的数额。有一部分学生拿到奖学金出国留学。截至2010年，共有549名学生接受资助在海外求学，其中由不丹政府出资的差不多接近一半，有243人。另一个大的资助者是印度政府，有250多人，这些学生分布在全球各地，有澳大利亚、古巴、马来西亚、泰国等，不过大部分学生都在印度求学。家庭条件好的学生，很多都在印度上学。据统计，2010年在印度自费上大学的不丹人共有3556人。这些家庭条件好的学生去印度上学而不是通过其他不正当手段抢其他成绩好的学生的名额，也说明不丹的教育体系对所有学生均提供相对公平的机会，尤其是那些乡村的穷孩子们。他们在没有背景、没有钱的情况下，唯一所依仗的就是他们自己的能力和分数，而这也正是不丹政府所一直致力于实现的目标——公平的教育机会。

各级学校生均年度支出（努）

学校种类	年度生均开支（努）	
	2005年	2009年
小学	6574	9876
a）一般小学	6158	9646
b）寄宿制小学	8796	15686
初级中学	7963	14311
a）一般初级中学	7934	11924
b）寄宿制初级中学	9410	18838
中级中学	10746	24649
a）一般中级中学	9896	19872
b）寄宿制中级中学	12978	28841

（续上表）

学校种类	年度生均开支（努）	
	2005 年	2009 年
高级中学	10746	29384
a）一般高级中学	9896	26362
b）寄宿制高级中学	12978	33883
国家残疾人学校	76473	122516
不丹皇家大学	37096～95944	35424～167285
不丹劳动人力资源部所属大学	40526～77895	59783～379565

注释：不丹皇家大学下属学院和劳动人力资源部下属大学的年度生均支出是不同的，各学院有各学院的数据，这里是各学院年度生均支出的最低值和最高值。35424 是新建的商学院的年度支出，2005 年支出为 37096 努的语言与文化学院 2009 年的开支已经上升到 78000 努。

三、可持续、均衡的经济发展

（一）耕者有其田

不丹早在 20 世纪 50 年代就废除了农奴制，把土地分给农民，尽管土地改革遇到了贵族阶层的强大阻力，但三世国王还是强力推行，把 3088 平方公里的农田分给农民。对于国穷民贫的不丹而言，土地改革意义重大，除了解决了农民的生产和生活问题，更重要的是实现了他们多年的梦想——耕者有其田。

为了保护农民的土地不至于落入到少数人手里，促进土地的均衡分配，1979 年不丹政府发布了《土地法》，从法律上保护农民的土地权。法律规定每家最多只能拥有 25 英亩

(1英亩＝0.4公顷＝6亩）农业用地，最少不能少于5英亩的土地，如果土地交易导致农民拥有的土地少于5英亩，那么这项交易会被禁止。这项规定既保证了有限范围内的土地交易的合法性，让一部分有能力有需要的人能够拥有更多的土地，但是又避免新的地主阶层的出现，保证每家都有基本的土地，以满足家庭生活需要。

政府的政策只是为了保证大家都有地，对于非基本农作物的用地交易就不作限制。政府对于果园和经济作物种植园交易没有最高和最低限额。所以在不丹，土地交易中最红火的是果园和经济作物种植园的交易，像种植苹果、橘子、姜、小豆蔻、马铃薯等等，这些农产品主要是供出口。

1990年，不丹整个农业生产产值，包括畜牧业和森林等，占GDP的43.3%，90%国民是农民。农业和畜牧业的发展和技术进步对不丹人民的幸福前景起着基础性作用。因此政府采取了一系列措施提高农业生产力，为农产品开拓市场。毕竟单纯有田是不够的，还要帮助农民耕种，提供资金、种子、肥料等等，解决灌溉用水的问题，农业发展后，紧接着而来的就是销售运输问题和规模经营问题，道路建设和机械设备的购置提上了日程。不丹农业部的三大工作目标是：(1）保护环境，(2）提高农业收入，(3）基本农作物实现自给自足。根据2010年不丹国家统计局的统计年鉴所示，截至2010年，不丹共兴建了4个可再生自然资源研究中心，并在全国范围内建设了138个再生资源推广站，另外还成立了40多个农业推广中心，用来帮助农民用环保的耕作方式来进行农业生产。此外，不丹政府还建设了2273.80公里农村道路解决农村交通不方便的问题，并且为在农村地区运营的客运服务公司给予财政补贴，为农村居民出行提供便利。从下表中可以看出，20 个县中，步行至最近的公路，平均而言，52.94%的居民只要 1 小时以内即可，有的县更是高达 94.17%的居民只要不到 1 小时就可以到公路了，大多数居民都可以在 3 小时内到达公路。当然一些偏远山区的居民仍需要 1 天甚至 1 天以上的时间才能走到离居住地最近的公路。这一方面反映出不丹地形复杂，一些山沟里的居民难以跟外界交流，另一方面不丹的道路建设仍然任重道远，毕竟不丹仍然还是一个发展中国家。

农户走路到最近公路所耗时间（%）

宗（县）	少于1 小时	1～3小时	3～6小时	6 小时～1 天	1 天及以上
Bumthang	94.17	4.92	0.91	0.00	0.00
Chukha	34.58	25.55	10.19	11.29	18.39
Dagana	49.50	27.18	15.72	5.19	2.41
Gasa	22.56	16.05	0.00	0.00	61.40
Haa	69.81	4.14	0.00	0.00	26.05
Lhuntse	40.30	21.71	15.79	13.09	9.11
Monggar	36.59	22.01	18.59	9.54	13.27
Paro	91.69	6.99	0.39	0.70	0.23
Pemagatshel	35.92	10.80	24.49	10.86	17.93
Punakha	84.21	14.67	0.82	0.31	0.00
Samdrupjongkhar	19.09	35.02	12.94	15.42	17.53
Samtse	38.70	24.07	15.56	5.09	16.59
Sarpang	67.26	18.29	4.24	0.58	9.64
Thimphu	82.68	3.42	0.16	0.00	13.74
Trashigang	56.69	16.43	9.15	2.14	15.59
Trashiyangtse	35.76	37.60	20.93	3.14	2.57
Trongsa	63.84	15.05	10.90	10.21	0.00

（续上表）

宗（县）	少于1小时	1～3小时	3～6小时	6小时～1天	1天及以上
Tsirang	46.47	32.35	15.73	5.37	0.08
Wangdue	54.95	27.69	12.69	2.78	1.89
Zhemgang	34.00	4.60	10.40	23.64	27.36
平均值	52.94	18.43	9.98	5.97	12.69

此外，不丹各县共有1307个灌溉项目，兴建了3292.42公里的水渠，以改善农田灌溉。据统计显示，截至2010年，耕耘机运行里程达284.46公里，部分地区农田已经开始机械化的规模作业，初步解决了农业机械化和农村道路建设的问题。另外，不丹政府还建立了国家种子研究中心，土壤研究中心，种子栽培基地。为了发展畜牧业，政府还建设了20家地区牲畜医院，42个牲畜推广中心，11个饲养场，疫苗研究中心，人工受精中心等等，为农业发展提供必要的基础设施和技术服务。尽管随着经济发展，农业在国民收入中的比例在逐步下降，但农业仍然在不丹国家经济中占有举足轻重的地位。根据2007年不丹抽样调查的结果显示，仍然有66%的不丹人是以农业为生。2008年，不丹农业生产对GDP的贡献率是18.5%。不丹政府扶持农业生产的投入不但没有减少，而且在加大。2010～2011财政年度政府对农业的投入达3547.599百万努，占年度总预算支出的10%。这个数字还不算投入在农村地区的教育、医疗、公路等其他公共服务。

为了提高农民生活水平，政府根据各个地方的实际情况，设计了一系列的发展项目帮助当地农民发家致富。国际粮价不断上涨，国内农作物生产不足以满足国内的需求，不丹长期依赖从邻国印度进口便宜的大米和其他农作物。这种低廉的农产品进口对于城镇居民而言是个好事，节约了他们的开支，但对收入本来就不高的农民就是坏事了。为了解决国内粮食不足的问题，又同时增加农民收入，不丹农业部启动了一个新的项目，在适合粮食种植的几个县，开始种植商业大米专供市场销售，初期以 10 英亩做实验，一年后试验取得了成功，于是农民开始增加种植面积。原来大米生产力比较低的这几个县找到了新的增长方式和市场前景。当地产的大米不仅进入国内粮食市场，甚至也进入首都廷布一些富裕家庭的餐桌。与此同时农民收入也得到提高。在这个项目中，不丹农业部、县农业部门都作出了不少努力。

另外一个故事是柑橘生产的故事。柑橘产量占不丹农作物总产量的 13%，是最重要的园艺作物。几乎 66%的农业人口都涉及到柑橘生产。不丹每年 12 月都有柑橘展，推广各地的柑橘生产，扩大市场销售。政府认为扶贫的第一步是帮助农民找到一个可靠的收入来源，他们也是这样做的。中央和地方政府为柑橘生产提供技术支持，指导农民科学种植，减少病虫害，同时政府利用各种途径和计划帮助农民推销柑橘，保证农民的辛勤劳动得到应有的回报。

（二）因地制宜发展水电

为国民提供均衡的公共服务，解决民生问题，需要一个财力雄厚的政府。而不丹国贫民穷，要让老百姓都过上安逸的日子，政府必须承担起发展经济的重任。不丹水力资源丰富，为不丹的经济发展提供了天然的财富。1961 年不丹才开始开发水力资源，修建水电站。根据不丹和印度政府之间的协议，双方在不丹的贾尔达卡修建不丹历史上的第一座水电站。历时5年，终于建成了发电量为1.8万千瓦的水力发电站，除了3%不丹自己留用外，其余的97%出口到印度，电的出口价格是每度（千瓦小时）8卢比。这里需要解释一下的是，1974年前不丹是没有自己的货币的，一直都是用印度的卢比，所以当时是按照卢比的价格规定出口价。直到今天，印度卢比和不丹本国的努都在不丹通用，相互之间是1∶1的比率。按照汇率，1美元大概可以兑换40卢比，1元人民币大概可以换8卢比，也就是出口电的价格是1元人民币1千瓦小时。中国工业电价平均为每千瓦小时0.56元人民币，居民电价平均为每千瓦小时0.48元，而中国出口到越南的电价大概是每千瓦小时5.1美分，折合人民币大概是0.38元。所以说不丹出口的电的价位还是不错。而1.8万千瓦的电站发电能力每出口一小时电力给印度，就可以给不丹创汇13.968万卢比，合17460元人民币。一天大约是42万元人民币，一年大概是1.5亿元人民币的收入。这对不丹这样的穷国而言，是一笔很大的收入。当然这是在理想状态下算出来的，实际运行中还有检修、停机等各种维护，还有水流的大小等等，都会影响到发电量，所以实际收入会比这个数字小。正是发现了水力开发的巨大前景，随后不丹把水力发电站的建设当做国家建设的一项重要任务，在第二个五年发展规划中，不丹政府在首都廷布修建了发电量为400千瓦的小型水电站，解决首都的供电问题，随后又兴建了发电量都只有300千瓦的帕罗、旺迪颇章、扎西岗等水电站。从20世纪70年代开始不丹的水力发展进入高速阶段。不丹国内第一大的水力发电站——楚卡电站兴建始于1975年，历10多年完成，总发电量为33.6万千瓦，总投资为28.8亿卢比。2001

年完工的6万千瓦的Kurichhu电站，2005年投入运行的4万千瓦的Basochho电站，以及2007年投入运转的巨无霸102万千瓦的塔拉电站，是楚卡电站的二期工程。在电力发展上，尤其是近10多年，不丹的发展速度是比较快的。尤其是2007年投产的塔拉项目，极大改善了不丹水力发电的水平。

1983年，不丹全国水力总发电量还只有828.3万千瓦小时，10年后的1993年总发电量已经跃升为10.7亿千瓦小时，翻了128倍，总装机容量达到36万千瓦，速度之快让人瞠目结舌。而到2002年，不丹的总装机容量已经发展为44.4万千瓦，水电出口已经占政府财政收入的45%，几乎占到财政支出的半壁江山，水电已经成为了不丹的核心支柱产业。随着2007年塔拉电站投入运营，不丹的电力发展事业迎来了一个新的高峰，到2008年的时候总装机容量已经达到148万千瓦，是2002年的3倍多，总发电量为4.5万亿千瓦小时，是1983年的56.25万倍，是1993年的4205倍。不丹政府财政收入超过一半是来源于水电出口收入。不丹已经确立了2020年水电装机容量增加1000万千瓦的目标。水电事业的发展，将为不丹经济带来新的辉煌。

不丹的电力事业的发展为不丹人民解决了用电难的问题，尽管仍然有34%的家庭没有解决用电问题，但从乡村电气化的趋势来看，越来越多的家庭开始用上电了。不丹还有不少居民分布在比较偏远的山村，送电上山还有一个过程，何况这个国家的现代化过程才不过几十年，能够有这样的成就已经不错。根据2010年不丹国家统计局的最新报告显示：不丹已经用上电的镇有71个，截至2009年用上电的村庄已经有1981个，大概有一半的村庄用上电了，而在2006年还只有1318个村庄通了电。这一数字在1984年和1997年分别只有114个和370个，普及速度之快令人赞叹。随着电气化进一步的普及，难度将会加大。电力供应都是先从人口集中的地区开始，然后向偏远地区普及。而对于不丹这样的农业国家，农民都分散在乡间各个角落，而且不丹农村居民习惯散居，各家各户是散落在村庄的不同地方，一般的村庄大概有3到30户。越是偏远的地方，越是不方便供电。

电力事业发展情况

	1984～1985	1997～1998	2005～2006	2006～2007	2007～2008	2008～2009
电气化的镇(个)	19	39	68	71	71	71
电气化的村庄(个)	114	370	1318	1761	1934	1981
用户(千户)	9.7	31.6	64.3	74.8	81.2	89.1
电力收入(百万努)	NA	NA	620.9	766.7	989.8	1202.7
人均用电量(千瓦小时)	30	609.8	1147.5	1380.2	1773	2038.8

不丹的人均用电量大幅增长。从2005～2006年度到2008～2009年度，不丹人均用电量几乎翻了一番。而在1984年的时候人均用电量还只有30千瓦小时，到1997年的时候增长20倍，到2008年时已增长近700倍。电力事业的快速发展，为不丹的生产和生活提供了充分的电力资源。可以看出一方面更多居民开始用上电，另一方面，不丹的经济发展速度很快，越来越多的企业在不丹投入生产运营。这一点从下表中也可以看出来。

电力用户消费情况表（%）

年度	2004～2005	2005～2006	2006～2007	2007～2008	2008～2009
居民用电	14.65	15.92	14.93	12.91	11.40
商业和政府部门	8.49	8.63	8.63	7.08	6.70
工业	67.11	65.97	65.06	68.74	72.30
公共照明	0.17	0.20	0.30	0.21	0.29
其他	9.59	9.27	11.09	11.06	9.31
总比例	100	100	100	100	100

从电力用户消费情况表可以看出，不丹除了绝大部分电力出口外，国内电力的最大用户是工业部门，而且从用电量比例的增加，可以看出不丹工业发展速度比较快，从百分比看不出来，但是从时间用电量可以看出2008～2009年度的用电量几乎是2004～2005年度用电量的两倍，虽然全国的整体使用量增加了几乎一倍，但是工业用电量的增幅是最大的，从2004～2005年度的41.51万千瓦小时到2008～2009年度的86.96万千瓦小时，工业用电量增加了一倍多，而且在各领域用户中所占份额也在增加，从2004～2005年度的67.11%增加到2008～2009年度的72.30%。不丹政府计划到2013年解决所有家庭的用电问题。

可见，不丹的水电发展不仅解决了本国居民的用电问题，为本国的工商业、公共用电等提供了充足的电力资源，而且通过电力出口也解决了水电站建设资金短缺的问题，同时为政府增加外汇收入，为政府提供公共服务提供了资金来源。

（三）工商业双翼齐飞

不丹在1960年前没有一家工厂，只有一些散落在各地的手工作坊，生产一些有当地特色的手工艺品。从五年发展规划开始，不丹政府在初期把重点放在农业生产，解决生存问题和基础设施的建设上。到20世纪70年代，政府开始关心工业发展。随着政府实力的增强，不丹开始利用本国特有的自然资源，木材、矿藏等开办木材加工厂、水泥厂和家具厂等，由于不丹农民种植有不少经济作物和果树等，一些以农作物为原料的加工厂开始出现，如酒厂、果汁厂、水果加工厂、榨油厂等。考虑到各地经济的均衡发展，不丹政府对于偏于地区办厂提供帮助。目前已经在海拔较高的北部地区建起了奶酪厂、柠檬蒸馏厂和木材厂等。工业的发展不仅发展了当地经济，为自然资源和农作物找到了出路，而且解决了就业问题。到2000年，有4.6%的劳动力在全国9000多家大小工业企业工作。

在最新的促进经济发展指南中，不丹政府希望利用不丹的一些独特优势发展一些特色行业。不丹政治稳定，犯罪率低，社会治安良好，可以说是夜不闭户，拥有充满生机和活力的文化以及优美的自然环境，还有可靠的有价格优势的能源，国民广泛使用英语。这些优势都是不丹的名片，名片中最响亮的名头，当然是GNH之都，这些都是吸引外来投资和扩大市场的有利条件。

基于以上优势，以及GNH发展理念的影响，不丹政府提出了今后优先发展的领域：高端教育、高端卫生服务和传统医药、高价值低影响的旅游业和服务业、金融业、有机农业、水电、太阳能和风能开发与利用，以及信息和文化产业。这些产业都是基于不丹不破坏自然环境、维护人与自然和谐共处的原则下提出的。有一些是原有产业的升级，如传统农业向有机农业的转型和传统医药的挖掘和开发，以及水电事业的发展等。同时随着不丹国民教育素质的不断提高，越来越多的留学生回国就业，为不丹发展高端行业提高了人力保障，值得一提的是不丹留学回国率（包括自费出国的）一直都高达99%，几乎很少有不丹人愿意在海外生活，他们都乐意学成归国。政府为了鼓励和扶持这些产业发展，公布了一系列的优惠政策，包括税收减免、土地费用减免、财政补贴等等。但这些项目都必须通过环境评估，否则再大的项目也不会被批准。

不丹前任国王辛格曾经说过："我们并不需要快速的现代化发展或者大型工业建设。我们要的是以就业为导向的发展，这样我们受教育的年轻人都能够在社会中找到适合自己的位置。"在过去几十年的发展中，不丹的发展速度不快，但很稳定，脚踏实地，很有节奏。

（四）国家调控：不让贫富太悬殊

随着经济发展，越来越多个人和企业收入已经比较可观。然而大多数人，主要是农民，收入仍比较低。随着收入差距开始扩大，政府除了采取各种措施帮助国民脱贫，同时为了缩小贫富差距，政府也引入新的政策来调整收入进行二次分配。对于高收入的国有企业，政府会要求他们为社会提供资源让大众收益。比如，电力公司是不丹实力最强的企业，各个电力公司，不论电站大小，一律都要免费提供各自发电量的15%给政府。这部分电作为对国内低电压用户和政府认为的其他必要的使用的补贴。而且电价也要经政府订立。这些收入都要上缴不丹政府由政府统一调配使用。政府除了调整行业差距之外，还引入税收政策进行收入二次分配。目前不丹主要有三种纳税人：企业收入税纳税人、商业收入税纳税人和个人所得税纳税人。第一种主要是根据公司法成立的实体公司，有 112 家公司要缴纳企业所得税；第二种是公司之外的持有有效执照或者许可的商业单位，有 18043 家单位要缴纳商业所得税；第三种就是收入比较高的个人，大概有 23901 个人申报了个人所得税。个人所得税的缴纳者中 92.7％的个人是靠工资收入，4.5％的人是靠房租等租金收入。可以看出目前不丹的收入形式还比较单一。工资收入是绝大多数高收入阶层的主要来源。不丹的个人所得税的起征点是 10 万努，10 万努到 25 万努是 10％的税率，25 万努到 50 万努是 15％，50 万努到 100 万努是 20％，100 万努以上的为 25％，绝大多数缴纳个人所得税的个人收入在 10 万努到 25 万努之间，其次是 25 万努到 50 万努之间。可见中产阶级仍是主流群体。2007 年的个人所得税为 194.66 百万努，企业所得税为 1827.59 百万努，商业所得税为 211.84 百万努。2009～2010 财政年度，企业所得税为 4774.232 百万努，个人所得税为 441.651 百万努，商业所得税为 594.434 百万努，这三项税收占年度税收收入的 61.7％。随着所得税收入的逐步增加，所得税已经渐渐成为政府调节收入的有效手段。

第四章

幸福支柱二：环境保护

多少世纪以来，不丹人对自然环境无比珍爱，并且认为这是所有生活内容的唯一源泉。这种传统的对大自然的尊敬使我们在进入21世纪以后依然拥有一个没有遭到破坏的环境。我们希望继续同大自然和睦相处，并将这份宝贵的遗产传递给下一代。

——不丹四世国王吉格梅·辛格·旺楚克

一、《宪法》规定“永远保持至少60%的森林覆盖率”

不丹王国所在的喜马拉雅山区是一个新兴的地壳变动形成的山脉，这里的地形不像欧洲或非洲等古大陆那么稳固，比较脆弱。因此，在不丹建设城镇、修筑公路和桥梁，都必须谨慎小心，如果挖错了位置，很可能整面山崩下来。高原地区的不丹生态比较脆弱，很容易出现荒漠化。喜马拉雅山西部地区已经发生过这样的例子。树被砍光后，那些山石在没有任何遮挡的情况下直泻而下，下面的植被破坏殆尽。在别的地方砍了树还容易再种，但是在喜马拉雅山脉这样的高原地区，破坏很容易，而要恢复就比较难了。

而且，高原地区对气候环境变化比较敏感，也比较脆弱，任何一点气候变动在高原地区都可能带来大灾难。在2010年最不发达国家基金的讨论上，不丹代表团讲了一个故事令人动容。随着温室效应的影响，气温不断升高，深处不丹高山上的一些冰川开始融化聚集成高山湖泊，这些湖泊严重威胁着下游居民的生产和生活，更严重的是生命威胁。为了保证下游居民的安全，他们派出了300名精壮劳力到海拔近5000米的高山上整理湖泊，由于山高路远，条件有限，这些人只能用他们的双手来降低湖泊的水位。不幸的是由于高原反应，三个年轻的小伙子献出了他们宝贵的生命。实际上这种高山冰川融化形成的湖泊已经越来越多地出现了，严重威胁着下游居民的生命和财产安全，一旦湖泊冲泄而下，草场、森林、居民区都将遭到严重破坏。而这种威胁对地处喜马拉雅山麓的不丹而言，更是可能造成灭国之灾。

正是基于对现实的认识和文化传统的依赖，不丹政府不遗余力地保护生态环境，保护他们的家园。不丹应该是世界上少数几个不把森林视为经济资源的国家。不丹政府多次立法保护森林资源，任何砍伐行为都必须非常审慎。不丹的领导人在许多国际和国内场合都反复强调环境保护的重要性。早在 1969 年颁布的第一部森林法中就严格规定全体国民都有责任和义务保护自然环境。最近生效的《宪法》中有整整一条是关于环境保护的。为了保存自然资源、防止生态环境恶化，《宪法》规定政府必须做到“永远保持至少 60%的森林覆盖率”，这也许是世界上第一个国家在《宪法》中明确列明森林覆盖率要达到的水平，也是第一个国家在《宪法》中如此浓墨重彩地规定国民和政府在环境保护上的责任。目前已经有 50%以上的森林被划为保护区。6 座国家公园、9 座生物多样性自然保护区，森林覆盖率达到 72%，是亚洲最高的。

正如不丹内政部长在接受台湾记者采访时指出的：“为了保护森林，我们的政策是，在乡村盖第一间房子，木材便宜提供，但如果盖第二间房子，或在都市盖房子，那木材就很贵。树木也有推迟全球暖化的作用，不丹主要收入来源之一是水力发电，我们的河流来自高山冰原，但受暖化影响，冰原正在退缩。科学家说，未来 35 年内喜马拉雅山区的冰原将消失。若是如此，不丹的所有河流，也将跟着消失，我们非常关心这件事。……冰河融解后，会引起洪水、湖水暴涨，接下来，河水、湖水干枯。全球暖化，正在影响我们。因为我们对生态环境政策的坚持，所以不丹的现代化发展，是温和缓进的、有系统的，而非冒进的。我们降低发展进程，因为我们不想失去我们现在所拥有的东西。”

二、一切经济发展必须不以破坏生态为代价

在不丹人眼里，森林不是资源，不是经济资产，而是家人，是需要好好善待的。良好的生态环境就是他们赖以生存的根基。高山、冰川、河流、森林、草原是不丹非常重要的灵魂资产，是他们文化中不可缺少的重要组成部分。不丹政府的发展观是基于维系自身的传统文化和自然环境上的，而不是以经济发展为唯一目的，一切经济发展都必须保证不以破坏生态环境为代价，否则他们宁愿放慢发展速度。所以尽管不丹自然资源丰富，但一直都是有限度地开发利用，而且特别重视资源的再利用和再循环。

随着经济和社会发展，改变是无法避免的，但改变并不一定意味着破坏，重要的是要寻找到一个平衡。所以保护和开发是不矛盾的，问题是开发什么，保护什么，什么是可再生的，开发多少，如何维护好开发与保护之间的平衡。这才是关键问题，所以谈论环境保护和资源开发利用应该进一步地细化思考这个问题，如果只是泛泛地停留在表面上讨论这个问题，很可能流于形式，而对问题本身无益。毕竟人类的发展是不可逆转的过程，资源的开发和利用是必然的，同时环境的保护也是必需的，好的生态环境是人类赖以生存的根

本。这一点大家都很清楚，在具体做的时候就容易陷入误区。不丹政府在这一块的政策值得参考。不丹政府很清楚国民的幸福除了物质丰富之外，还必须要有良好的环境，其中重要的就是自然环境，对于不丹这样位于喜马拉雅山麓的国家而言，任何一点生态环境的恶化在不丹都能很明显地感受到，时不时从山上滑落的冰川时刻提醒着不丹人民要珍惜环境。

如何平衡发展和环保之间的关系，一直都是困扰各国的问题。不丹也不例外。不丹政府一直为了保护环境和本土文化，限制外来游客。即便被允许入境的游客也是只能在限制区域活动，一些地区是不对外开放的。偏远的农村社区对游客开放有利于当地群众早日摆脱贫困，提高当地居民的生活水平，减少对自然资源的依赖，但大量外来游客的进入有可能破坏既有的生态平衡。不丹政府试图走出一条新路来平衡发展与环保。

三、建立环保实验区

以 GNH 为发展衡量指标，远比 GDP 做指标更环保、更低碳。它不用担心指标的大幅增长所带来的碳排放增多和全球气温上升，也不用考虑为达成目标而不断加大的贸易依存度与贸易战风险。不丹没有人会反对增长，因为这是繁荣和福祉的基石；但不丹需要调整经济增长的方式，在世界经济发展逐步迈向低碳化的今天，各国都应该告别过去那种粗犷的经济增长方式，逐步迈向更为绿色、更可持续的发展之路。不丹拥有整个亚洲最高的森林覆盖率和最新鲜的空气，这是不丹发展生态旅游的先决条件。

马拉卡和萨卡唐是不丹卡帕斯部落两个遥远的半游牧社区。这两个社区位于海拔3000米的高山上，为了保存当地特有的文化和生活方式，当地一直以来都是不对外来游客开放的。2010年9月开始不丹政府放开了这一禁令，在这个地区建立了野生动物保护区。保护区涵盖了游牧民和他们的社区。保护区的最高宗旨是保证人与自然的和谐。所以政府在该地区推动了一个整合保护与发展的项目。政府为该地区提供环境友好的设施以减少居民对森林资源的依赖。为农户住房提供CGI材料做成的房顶，经久耐用，为农业生产提供必要的农具，传授农牧民环境保护的知识，引导他们保护好生态环境。650平方公里的萨卡唐自然保护区是世界上唯一一个致力于保护喜马拉雅山雪人（也叫熊人，藏语叫yeti）栖息地的保护区。

在平衡发展和环境保护时，不丹人想出了公园分区管理的办法，他们把森林公园分成不同的功能区，在保证社区居民生活需求时也保护公园内的生物多样性。公园现在分为生态核心区、缓冲区、发展区和休闲区。每一个功能区都有明确的边界和职能分工。核心区的生态是绝对不允许破坏的。为了让核心区和居民生活区之间减少交叉，更有效地保护生物多样性，在核心区和居民生活区之间划分缓冲区，为生态保护和居民生活之间寻找到一个平衡点。在生活区之外是休闲区也就是生态旅游的发展区，为当地经济发展带来外在动力。萨卡唐自然保护区远离城镇、寺庙，拥有丰富的野生动植物资源和独特的人文自然景观，是发展生态旅游的好地方。这里不光可以领略到不丹优美的风景还可以感受不丹传统的文化习俗。

国际生态旅游协会对生态旅游的定义是不光要保护当地

生态环境还要维持当地居民可持续的生活方式，即自然和社会双方面的保护。萨卡唐这种居民区的生态旅游有利于把旅游的收益留在当地改善居民的生活水平，同时也可以激发当地居民的环境保护意识，让当地人意识到良好的自然和人文环境对当地可持续发展的重要性，而且可以为当地居民创造就业机会。这不同于在无人区的旅游。无人区的旅游缺乏一个实际的载体，外来人口缺乏对当地的认同感，缺乏保护意识，反倒容易造成生态破坏。当然，这种分类管理办法需要社区居民的参与才能发挥作用。所以发展与环保之间的平衡关系最终需要当地居民意识到并且在正确的指引下做出正确的选择，并且落实到实际的行动中。否则单方面的禁止或者随意开放都不能从根本上解决问题。毕竟当地居民需要发展来解决生活问题，他们也需要不断改善和提高生活水平，他们有动力去追求更好的生活方式，这个是政府所禁止不了的，但环境保护又是必需的，这是他们赖以生存的根本。环境的保护需要激发起当地居民自我的环保意识才能真正让政府的环保政策落实到实处。毕竟在老百姓没钱买油用电的情况下，他们只能去上山砍柴烧，政府的禁令是禁止不了的。所以要保证不丹森林覆盖率至少应保留在60%，就要杜绝乱砍滥伐，而要杜绝乱砍滥伐就要让农民找到可替代的资源，包括提供新的工作机会，让他们有能力采购新能源而不再依赖传统的木材取暖的生活方式。

四、提高旅游价格，减少入境游客

张先生和太太看到梁朝伟和刘嘉玲在幸福佛国不丹结成连理，在网上看到不丹优美的自然风景、淳朴的民风，顿生去不丹旅游的想法。可是去旅行社一打听，才知道要去不丹，不能自由行，必须要跟团才可以，而且最小的团要 6 个人以上，否则就要加收 25％的额外费用。还别说，去不丹跟去其他国家还不一样，要想体验佛国的幸福生活，费用不菲，每人每天在不丹的最低消费是 200 美元，而且在不丹不能随便行动，必须有导游陪同，只能在有限的地域参观，一些尚未开放的地区是不允许外来游客参观的。去不丹的飞机只能坐不丹航空公司的飞机，所有进入不丹的旅客都必须到泰国、印度、尼泊尔等地的机场转机，不丹航空公司的飞机都不大。要去不丹还得提前报名，否则去晚了没有名额了，就得等到明年了。

不丹政府从 1974 年起就开始监管旅游业。20 世纪 80 年代末期大概每年有 3000 名游客来不丹旅游，每年旅游收入 200 万美元。由于担心旅游人数不稳定，入境人数过多导致对国内脆弱的生态环境造成危害，不丹政府从 1989 年起采取了增加税费来限制人数的策略。要求入境旅客每人每天最低消费 200 美元，所有游客必须是组团进人，散客是不受欢迎的，而且至少要 4 人组成一个团。如果不足 4 人，则要额外支付 25％的附加费用。结果当年入境人数只有往年的一半，可是收入却达到了 195 万美元，与限制人数之前的收入差距不大，只有 5 万美元而已。在发展生态旅游控制外来游客数量、增加人均消费水平时，也有人担心会减少入境游客人数、旅游收入减少，但是三年后旅游人数再次飙升至 2748 人，而旅游收入达 330 万美元，占不丹出口商品和服务收入的 15％～20％。到 2000 年的时候，超过 7000 人到不丹旅游，而 2010 年全年获得签证进入不丹的人数也只有几万人而已，远比其他旅游国家的入境游客要少得多。尽管人数不多，却仍给不丹创造了大量外汇收入。随着人数的再次增多，不丹发觉单纯限制入境旅游者还不行，还应该加强旅游业的监管：一方面是对旅游经营者制定“工作手册”，另一方面教育旅游者，为来访者订立了“行为规范”。政府还制定了一系列的规范来限制旅游业对当地环境的破坏，由于不丹传统习惯是烧木材取暖，大量游客进入，必然增加木材需求，所以政府要求用柴油或者汽油替代木材，减少森林砍伐。回收可生物降解的垃圾减少对生态环境的破坏。沿着固定旅游线路建设永久性的露营地、客房和厕所等设施，避免反复搭建造成资源浪费和游客随地大小便带来的生态污染。

世界上比较著名的生态旅游目的地有尼泊尔，很多旅客是奔着尼泊尔独特的自然地貌，去行山、探险，肯尼亚神奇的动物资源也吸引着广大游客的目光，素有“中美洲的花园”之称的哥斯达黎加只比不丹稍微大一点，物种丰富，自然景观优美，同样也是热门的生态旅游景点。而这些不丹都具有。不丹地形复杂，从海拔 200 米的低谷到 7000 米的高山都有。不丹的物种丰富。哥斯达黎加的旅游收入相当可观，1993 年有近 70 万人入境旅游，总消费接近 5.8 亿美元，人均每天消费大概 150 美元。这些游客基本上也是冲着哥斯达黎加的原始森林和活火山去的。不同于哥斯达黎加的是，不丹采用了另一种策略，即提高旅游价格，减少入境游客。这种策略同样可以为不丹带来不菲的旅游收入，更重要的是保护了脆弱的生态环境。喜马拉雅山脉的自然环境比较脆弱，破坏后难以恢复，可能是永久性的破坏。这里的气候变暖会直接导致冰川融化和冰川湖泊的形成，威胁下游的民众的生命和财产安全。

五、企业不环保就关闭

首任民选首相吉莫·廷礼是不丹 GNH 和环保的积极倡导者。在 2009 年 12 月哥本哈根会议上，不丹宣布将永远保持碳中和。首相廷礼在一次关于气候变化和健康的议会会议上重申了之前的观点。他说："气候变化是人类无穷贪欲驱动下的生活方式的结果。建立在无限增长错觉之上的 GDP 主导的经济增长模式带来了消费主义和物质主义，全然不顾文化和生态代价。……在我们独树一帜的国民幸福指数理念的指引下，不丹至今还没有给气候变化造成任何负担，而且实际上我们的自然环境保护工作比大多数国家都要成功。"

为了将其豪言壮语落实到行动中，不丹当局推动的各种政策都带着浓厚的环境保护色彩。现政府制定的经济发展政策和外国直接投资政策都明显倾向于环境友好产业，为采取绿色行动的企业提供减税和优惠。

他还举了几个例子。一个是在帕罗，一个投资巨大的大理石厂由于环境问题和光污染而被关闭。另一个是不丹南部的一座刨花板厂，按照不丹的环境政策被认定为是不可持续的，随后也被关门了。第三个是水力建设。水力发电是不丹主要的经济收入来源，但不丹也不会为了发展水电而不顾其他方面。不丹水力发展计划原本想做 78 个河坝建设和 6 个储水槽。经过 GNH 的标准审核，最后筛选剩下 10 个河坝建设和 1 个储水槽。

六、无塑料国家：环保从改变生活方式开始

1999 年，不丹政府就宣布在不丹全面禁止塑料袋，并且

正式宣布不丹是无塑料国家。在城镇地区，垃圾车经过时，各家各户自动地拿着自家的垃圾往垃圾车里倒，而盛垃圾的工具不是我们常看到的黑色塑料袋，而是各种可循环使用的容器，如纸箱、铁桶、箩筐等等。当地宾馆饭店客房里的垃圾筐从不套塑料袋，尽管收拾起来会比较麻烦。在商店购物，只能使用纸袋或布袋。如果发现哪个商店使用塑料袋，要课以重罚。有意思的是，带午饭上学的学生们人手提一个编织筐，里面放着保温饭盒和水瓶，而不是塑料袋。在不丹基本看不到手提塑料袋的人。老百姓自觉遵守国家法律规定，把环保看作每个人的责任和义务。不丹百姓有很强的环保意识，地上很少见到垃圾，甚至连地上的落叶都很少看到，街上的垃圾桶更是像新的一样，非常干净，连公共厕所也是一尘不染。

不丹传统上依靠木柴取暖、做饭、照明，大家习惯于没柴用就去森林里砍伐，这种原始的生活方式在人口密度低的情况下，对森林的破坏度是有限的。但随着卫生条件的改善，人均寿命的增长和自然死亡率的降低，人口不断增长，木柴消耗量不断增加，给不丹的生态资源的可持续性提出了考题。不丹政府意识到在短期内难以解决国民电力供应、提高生活水平的情况下，需要更合理地利用土地从而调和传统生活习惯和环境保护之间的矛盾。不丹政府想出了在每个村庄的周围划出一块地专门用来种植柴薪，就像菜园一样，农民可以在这里像种菜一样种上自己家要用的树，到时候就可以到这里来砍柴烧火做饭，这样农民就不用去森林里砍伐了。这一政策很好地解决了农民的生活用柴和森林资源的保育之间的两难。不丹政府一方面发展经济解决农村居民的生活问题，另一方面加强管治，从立法上确立森林国有化。在农村地区，任何居民如果砍伐活树必须获得地方森林管理员的许可，否则就是非法开采。城市居民使用薪材必须从政府授权的公司处购买，否则是违法行为。根据《森林法》，任何人不许任意伐木。任意伐木者，将被罚种植10棵小树。

正因为如此，联合国在2005年把“地球卫士奖”授给了不丹。不丹国王在接受颁奖时说：“这个嘉奖不是属于任何个人的，而是属于不丹政府和全体人民的，是所有不丹人的共同努力才保全了我们的环境。”

七、全面禁烟国家：为了全民健康

2004年12月17日，不丹国民议会颁布法律全面禁止烟草销售，而这是世界上第一个全面禁烟令。这个考虑是基于减少污染、改善国民身体健康。不丹卫生部秘书长桑盖辛利在接受法新社采访时说：“禁烟的主要目的就是为了保护全民健康。我们在世界卫生大会中宣布，我们将是举世第一个全面禁烟的国家，希望带头做起，其他国家随后跟进。”这也是希望推动全球的禁烟运动，改善全球环境质量。此外，烟草是森林火灾的一个重要来源，所以禁止烟草买卖和使用，对于减少森林火灾是一个非常有必要的措施。这就是为什么尽管不丹只有不到1%的人口吸烟，但政府仍然强行禁烟的原因。更重要的是，不丹人信佛，而在佛教理念里面，不能做对他人有害的事情。很明显，吸烟是不利他人身体健康和环境保护的。不丹首相廷礼说：“香烟这东西，无论在字面上还是现实中，都是‘致癌’的，它可以使社会、使个人患上癌症，而且在许多方面都与精神药物无异。在某些国家，吸毒可判死刑。”所以不丹国民议会以65：4的压倒性多数通过了该法案。根据2004年禁烟令规定，不丹居民既不能在公共场所吸烟，也不能在任何户外地点抽烟，只能在自己家里抽烟。不丹所有的商店和商场都不准出售任何烟草产品，违例者每次至少罚款225美元。多次违反条例者将被吊销营业执照。所有商店、旅馆、餐厅和酒吧等原来售卖香烟者，必须在12月17日之前处理掉所有库存，否则不丹卫生当局将追究相关责任。实在是戒不掉烟瘾的居民可以自己进口香烟，但要缴纳200%的高额销售税和关税。每位不丹烟民至多可以藏有200支香烟。如果商户和吸烟者无法提供进口烟草海关收据，可能会面临5年监禁。法令发出后，不丹麻醉品管制局（The Bhutan Narcotic Control Agency）展开突击扫荡行动，执法人员倘若看见民居中有人吸烟或者怀疑屋中藏有非法香烟，有权进屋搜查，掐灭烟头。该法律授权不丹警察可以带领警犬进入民宅，搜查有没有非法买卖的烟草。在不丹，吸烟已经变成一种既危险、又奢侈的高昂消费。

为了信守做“世界首个无烟国”的诺言，不丹政府从颁布法令以来，已经采取了不少行动，更是从2011年起，大力整治烟草走私交易，进一步在全国范围内禁烟。不丹卫生部信息与通讯局的联席局长Sonam Phuntsho说，尽管没有对实施禁令后的烟草消费率进行研究，但卫生部的官员知道，烟草消费已经减少。不丹政府在禁烟上的行动是很积极主动的，能够做的就马上去做，很少拖拖拉拉。

八、环境保护十大原则

不丹政府作为一个依靠自然资源生存的国家，非常清楚环境对于不丹的重要性。更重要的是不丹国民所信仰的佛教理念中“自然”处于核心地位。山川、河流、大地都被认为是主要的精神来源，佛教中所宣扬的众生平等、善有善报恶有恶报的思想也教导大家要爱护自然。不丹从1969年就开始注意从法律上保护生态环境。从1969年至今不丹先后颁布了7部环境保护或者与环境保护相关的法律法规，为政府维护生态多样性和自然环境提供了法律依据。1995年《森林及自然保护条例》中规定森林覆盖率不得低于60%，随后在不丹第一部《宪法》中也把这一条列入，明确规定要保证至少60%的森林覆盖率。《宪法》授权议会可以立法确保自然资源的可持续性利用，维护资源利用的代际平等，重申国家对生态资源的主权权利。《宪法》规定议会依法可以宣布任何一块地方作为国家公园、野生保护区、自然保护区、森林保护区、生物圈保护区等环境保护区的范围。另外政府还采取了一系列的行动来切实保护环境，如提出了环境保护的具体策略和行动方案，以进一步落实环境保护的目标，并且参与签署了国际环境保护相关的公约。

为了有效地保护生态环境，在法规中，还提出了环境保护的原则，要求政府和国民在考虑发展项目和计划时，要与这些环境保护原则相一致。

第一条原则是任何人都有权利拥有安全健康的环境，同时也有保护和改善环境的义务。享有安全健康的环境是任何公民基本的权利，政府和国家应该满足这个基本需求；同时国民也都有保护环境的义务和责任。权利和义务是对等的。

第二条原则是代际均衡。现在的人必须为子孙后代考虑他们的环境问题，不能留下一堆烂摊子给他们。从现在开始，这一代人就应该保证留给后代一个良好的健康的生态环境，否则必将遭到后代唾骂。

第三条原则是中间路线。不丹政府认为经济发展和环境保护应该享有同等重要性，不应该以牺牲环境为代价发展经济，这样的发展是不可持续的。

第四条原则是环境危害预警。任何项目在开工前都应该做好计划和环境评估，任何产生的环境破坏都不应该拿考虑不足为借口。在规划项目前就应该考虑好会发生的后果。从自然资源中受益的人应该同时回馈自然以保持这些资源和环境的可持续性利用。竭泽而渔的行为是坚决杜绝的。

第五条原则是三 R 原则，即减少（reduce）、再利用（reuse）和再循环（recycle）。任何活动都应该尽量减少资源利用，同时也要考虑资源的再利用和再循环。

第六条原则是污染者付费。任何人污染了环境或者造成了生态危害都应该对自己的行为负责，承担由此造成的一切后果，并且要负责赔偿和补救，同时还要受到处罚。

第七条原则是信息知情权。所有国民都有权获知环境状况及可能影响环境的活动。

第八条原则是任何个人获取安全健康环境的权利被侵害或者可能被侵害都可以诉诸法律。法律保护国民的诉讼权。

第九条原则是国家主权权利。国家对国家管辖范围内的可再生和不可再生自然资源都享有主权权利。资源保护应该是大家参与的。政府代表国家行使这一权利，对规定领域内的自然资源的开发利用享有决定权。

第十条原则是自然资源使用者付费。资源保护的利益和成本应该在资源利用者中间均衡分摊。资源是有限的，使用了就应该承担责任，不能免费。

政府设立专门的环境裁判庭听取专门的环境纠纷。裁判庭的裁判员由政府委任的三名经验丰富的专家组成，裁判庭的主席由不丹首席大法官推荐的高等法院退休法官或者相当资历的人士担任。跟利益纠纷有关系的人士应该采取回避制度，避免司法不公。依法成立的裁判庭享有准司法庭的权力，有权审理、取证、调查、传唤等，并据此作出裁决。如果当事方对裁判庭作出的裁决不满意可以向高等法院上诉。

九、自然是不丹的生命之源

不丹已经完整地保存了几个世纪的丰富的自然植被，而且这些植被保护也将是不丹政府今后优先考虑的工作重点。正如不丹四世国王辛格说的：自然是不丹人的生命之源。

不丹今天丰富的生物多样性的保存归功于两方面的因素：英明领导和不丹人民强烈的生态保护观念。自然环境保护是佛教的核心观点。这种观点已经深入到笃信佛教的不丹人民心中，已经成为他们的自我意识并且是他们生活方式的有机组成部分。因此保护环境和他们神圣的文化遗址已经成为不丹人价值体系中不可分割的重要组成部分。

政府是希望通过合理地开发利用森林资源获得收益造福百姓，同时要保证森林资源不被破坏，而是一种可持续性的开发利用。为此政府提出了四项原则：

1. 通过合理的管理和实际行动来保护土地、森林、耕地、水资源和生物多样性等，防止水土流失、土壤肥力流失、滑坡、洪灾等生态破坏，改善衰退林地的再生能力。

2. 通过林业和农业生产体系之间的有效协作，促进粮食、水、能源等商品的生产，满足当地及国内需求，增强粮食自给能力，减少进口。

3. 把全国的经济林生产纳入可持续管理，以满足不丹国内民众对粮食作物和其他林产品的需求。

4. 通过充分发展森林工业，促进国家和地方经济增长，创造出口机会，增加外汇收入，同时加强人才培训增加就业机会。

不丹政府1952年就建立了森林服务处，即现在的森林司负责森林保护工作。1969年的《森林法》和1995年的《森林及自然保护法》都先后宣布所有的林地收归国有，由政府负责森林资源的管理和合理利用。从此，森林火灾、过度开采等问题都得到了极大的控制。更重要的是，不丹四世国王在1974年登基之后就宣布了国家森林管理政策，指出不丹的森林政策不是以木材销售为第一要务，而是以森林保护和可持续利用为重。从1979年开始，所有的森林开发都收归国有，主要是防止森林面积的萎缩。不丹政府于1984年成立了不丹林业发展公司，负责全国森林的种植和砍伐工作，根据不丹1995年颁布的《森林及自然资源保护法案》，不丹政府保留的森林不得任意砍伐，所有的砍伐都必须是根据国家计划由林业公司来负责操作。一些地方种植的是经济林，是当地生产生活非常重要的部分，经过政府授权，可以有计划有步骤地实施砍伐和再种植计划。不丹全国的森林被分成很多块，根据国家计划，分地块分步骤地实施森林管理。

不丹政府还强调不丹是一个山地国家，生态比较脆弱，经不起破坏。任何不规范的开发都可能带来自然灾难。政府还启动了一项社会林业项目，促进国民参与森林保护活动，减少生态压力。毕竟环保不是一个两个人的事情，如果国民没有强烈的环保意识，即便政府领导人有强烈的愿望也是难以实现的。每年的6月2日是不丹全国的植树日，从国王、王后到大臣、城市居民和乡间农民都要去种树，一方面是在被砍伐的土地上重新种上树种，恢复原有的森林面貌，而且还进一步扩大树木种植面积，使得国家森林覆盖率不下滑而是在保持的基础上上升。在联合国和世界野生动物基金会的援助下，不丹政府成立了环境保护信托基金会，启动资金是2100万美元，每年可以拿出100万美元用于不丹森林、湿地等方面的保育，以及相关人员的培训、生态环境保护计划的制定、管理和执行。到1997年的时候，林务署已经负责种植了17123.37公顷的林地。不丹正积极地转变角色，从一个被动的自然资源保护者转变成积极的参与者，参与森林资源的合理开发利用和国家合作，共同促进森林资源的可持续发展。

在联合国专家团的建议下，不丹政府一方面积极保育原始森林，一方面开发利用可再生的森林资源。因为不是所有的树种和植被都不能开采，有计划的开采是有利于资源的保育的。不丹的木材储备量大概有6.7亿立方米。如果按照木材的自然生长规律来推算的话，不丹每年应该可以开采1400万立方米的木材，而实际上不丹的木材年开采量不到20万立方米。开采高峰期的1995年，不丹的木材产量也不到40万立方米。

第五章

幸福支柱三：文化保护与促进

我们的文化里，有某些独特之处，这在其他地方是没有的。我们很多在外的不丹人，即使在美国可以赚更多的钱，即使在英国或澳洲有很好的工作，但他们宁愿回来，即便赚的钱很少；因为真正有质量的生活，不是生活在有高物质享受的地方，而是拥有丰富的精神层面与文化。我想，这就是不丹魅力。

——不丹国政府首相吉莫·廷礼

当冯仑在不丹问当地人是否需要 Google 时，当地朋友说："在不丹，我们不需要 Google，每一个人都是 Google，可以告诉我去哪里。可是在美国，我们不知道我是谁，不知道我为什么在这里，我要去哪里。可是我一回到这山里，看到了寺庙、僧侣，我就知道我是谁、我为什么在这里、我要去哪里，而这个就是 Google。"不丹人从佛教那里找到了回家的路。

一个民族区别于其他民族的一个重要标志就是自己的文化。国民能否感受到幸福，很大程度上，在于能否找到归属感和认同感。这里文化就起到核心作用。后发展国家在现代化的过程中，必然要遇到的一个问题是外来文化冲击本土文化。这些外来的东西可以给人带来短暂的快感，但是也让人变得更加浮躁、更加贪婪，心更加静不下来。幸福也随之远去。不丹也遇到了同样的问题。他们从上至下地采取了积极的行动来保护传统文化，让国民从传统文化中找到内心的宁静，并从传统文化中找到民族自豪感和幸福感，同时摒弃世俗的物质攀比，在物质匮乏的情况下找到幸福感，并且把自己的传统文化传给下一代，使之发扬光大。所以 1998 年从美国留学回国的不丹国家广播公司新闻部主管策旺如是说：

"只有回到不丹，我的心才感到舒服。"

一、幸福就在文化里

（一）幸福源泉在于少物欲、爱政府

谈论幸福建国，有必要先了解下幸福是什么。有人会说每天锦衣玉食就是幸福，有人认为拥有至高无上的地位就是幸福，有人认为获得崇高的荣誉就是幸福，有人说享有高尚的道德情操就是幸福，有人说自我满足就是幸福，有人说自由自在地活着就是幸福……凡此种种，不胜枚举。每个人似乎都有各自的满足和幸福的标准。

幸福更多的是个人自我感受。作为一个国家，作为一个政府，如何让自己的国民生活得幸福美满是一直追求的目标。那么对于千奇百怪、各自不同需求的广大群体，政府如何可以让大家都真实地感受到幸福呢？这个问题一直都困扰着学者和政治家们。实际上，对幸福的研究最早可以追溯到古希腊时期的柏拉图，在他看来，一个有正义感的灵魂并在日常实践正义的人是幸福的。而他构想中的理想国也是最完美、最正义的幸福国家。这样的国家是由王者统治。如果说柏拉图更多的关注点在于幸福国家的构建的话，亚里士多德的幸福观更多是对个人幸福感的阐释。在他看来，纵欲主义和禁欲主义都不是正确的幸福诉求之路，真正的幸福应该是精神上和现实践行都能达到的：幸福是至善，幸福是合乎理性的现实活动，幸福是快乐的生活。幸福应该是适度的。

在不丹，国王觉得人民生活满意、幸福自在就是他最大的幸福，人民觉得有佛在身边就是最大的满足。衣食住行固然重要，人的精神追求更不可少。没有精神的生活只会带来

空虚和进一步的物质化，只有在精神追求指引下的生活才不会空虚，也不会因为物质的不丰富而抱怨，“知足常乐”也许能概括这一现象。在不丹，人民不是不在乎收入，不在乎政府建了几条道路或水库，他们更看重的是精神和心灵的追求与满足，而不是简单的物质。

“我们幸福的源泉在于：第一没有太多的物欲，第二很爱自己的政府。由于国民用各种各样的方式坚持原始、淳朴、简单、知足的生活方式，我们的国家才拥有排名世界第八的幸福指数。”不丹一位 80 岁的老人乐呵呵地说，“只有生命真正快乐，才能实现其价值。真正值钱的东西是用钱买不来的。亲情、爱情是这样，真正的健康也如此。平凡生活是幸福的最高境界。生命越单纯越好，幸福指数比 GDP 更有价值。”

（二）在经济与文化间找到均衡

现代化给大家带来了优越的生活条件，一切都变得便捷，然而人与人之间的距离也变得原来越疏远。这一点在今天各国都在努力迈向富裕的工业化过程中变得越来越明显。宋先生住在高档社区，在高档办公楼里有自己的办公室，不管是寒冷的冬天还是炎热的夏日，他都不用担心，因为室内 24 小时恒温。更不用担心风吹雨淋，办公楼的地下室里有停车场，别墅里有私家车库，直接坐电梯就可以到达，楼梯都不用爬。当他想跟家人朋友说话，拿起电话就可以了，但这欠缺人与人的亲密接触。因为他工作很忙，经常要加班加点，收入增加不少，职位也得到了升迁，但能够跟家人在一起的时间也越来越少，回到家里都已经很晚了，也很累了，家人都已经休息了。没有时间与亲戚、朋友和家人在一起，甚至也没有太多时间跟小孩在一起。宋先生和他的家人尽管生活很优越，但是幸福感却并不很强。其实他们的这种生活状态，就是今天在大城市中生活的人的写照。

在工业化的环境下成长，人们只知道竞争，要赢过其他人，到处都在竞争，友谊变得不再重要，你也要赢过你的朋友。结果，人性、友谊，全成了经济的牺牲品，人们因而成了完完全全的经济动物，而不再像个人。人类变得越来越缺少人性，越来越像冰冷的机械。人们越来越少探索心灵和情感深处的感知，却越来越重视对外在物质上的感官享受。

辛格曾经说，有必要问一问自己一个基本的问题，那就是，科技发展，给我们的生活带来了极大的便利，作为受益者应该如何保持物质和精神上的平衡呢？物质是生存的基本条件，精神生活上的富足是更高层面上的享受。现今世界物欲横流，精神满足、内心宁静、国民幸福感这些本应该是更基本的诉求，反倒不可得。在不丹文化中，内在的精神发展和外在的物质追求是同等重要的。然而当今世界，物欲横流，大家都太关心各自的物质财富和个人享受了。可是单纯的物质享受并不能找到真正的自我满足和幸福感。幸福在某种程度上而言是依赖于精神生活的富足感，收入的不断增加并不一定会带来相应的幸福感的增加。如果社会上财富少的人都试图努力赶上钱比较多的人，人们也许会变得越来越富有，但幸福也可能离他们越来越远。这个国家也难以在幸福排名上获得像经济排名那么好的成绩。正如辛格所言，幸福与财富的增长不是成正比的。

在不丹，基于佛教文化的传统价值对大多数不丹人有着深远的影响。不丹传统的价值观强调个人的自我约束、人际关系的和睦。然而这种珍贵的传统价值观正在逐渐被淡忘，人们正在变得越来越以自我为中心，更多地关心物质生活，不丹有必要强化传统的价值和文化的延续性，尤其是，这些是不丹国民认同的重要基石，是不丹所特有的身份标识。如果在发展过程中，失去了这些，不丹的民族和国家独立都将成为问题。

一个值得一提的问题是，不丹作为一个人口不过百万的小国，一直以来都依附于印度，印度也极力控制不丹与外界的交流，对不丹就像对其下辖的一个邦那样。不丹对此甚为忧虑，不丹不希望像当年的锡金一样被印度吞并，沦落为其一个邦。这是不丹政府，尤其是国王，最不希望看到的。所以不丹一方面要发展、强大自己，另一方面，又要保持文化独立性，强化民族认同感。所以不丹国王提出的国民幸福总值的发展方向就是希望能够在经济发展和文化发展之间找到一种均衡的模式，即相互促进而不是相互排斥，比如不丹发展旅游业时采用的是限制游客总数，提高单个游客的消费额度的方式，这样一种方式是为了减少外来游客对本地居民文化和生活习惯的冲击，保证了游客的素质，避免了蝗虫般的蜂拥而入，这些人是真的喜欢不丹优美的自然风光和古朴的文化遗产，他们对当地的民众和文化更加友好，这种方式促进了本地人更进一步地挖掘本地特有的文化形式，为那些寻求心灵慰藉的游客们提供赏心悦目的节目，这种方式不仅可以增加旅游收入，扩大知名度，更重要的是让本国国民意识到本国文化的价值，增强了文化认同感和自豪感。于是乎，由被动的吸收外来文化转变为对外出口文化。

（三）GNH根植于传统哲学与文化

当四世国王辛格提出国民幸福总值的概念时，他认为

GNH 比 GDP 更重要。虽然国王提出了这个想法，但在学界、发展领域以及政界，对于这个概念的讨论还是比较多的，大家都很关心如何落实，落实什么。也就是：首先，辛格提出的 GNH 的理念应该如何理解？其次，为何目前提出的一些实现方式之间有些冲突呢？

不丹前部长会议主席曾经说过："国王认为政府的最终目的是要促进国民的幸福。这一点在他的很多演讲和颁布的法令中已经反映出来。他不断强调政府应该致力于提高国民幸福感。他认为促进国民幸福比经济发展更重要，所以在很多政策领域他都把促进国民幸福放在第一位。"

在辛格看来，感受到幸福应该是所有国民都想要得到的，所以他指出幸福是终极目标，而大家所渴求的其他目标只是一种方式，其最终目的都是奔着幸福而来的。换句话说，也就是指大家所想要的金钱、地位什么的，都不过是追求幸福这一目标的过程中的一个中间方式而已。让所有国民都感受到幸福，这个其实是一个难以计量的发展目标。幸福通常被认为是乌托邦，学界至今还没有发展出一套工具用来帮助我们检视幸福这个最重要的价值。这也就导致了一个矛盾：幸福是发展的主要目标，这一点是大家都公认的，大家都渴求幸福，然而现实中这一终极目标的主题却总是可望而不可即，我们看不到、摸不着，因为幸福是个人的主观感受，不是客观的，可以用实际指标量化的。这是当下的一个主流观点，尽管如此，不少学者仍在努力，试图建构起一套相对比较完善的指标体系来度量幸福，让幸福成为看得见、摸得着的实实在在的感受。

面对学术界对幸福研究的匮乏，辛格有自己的理解，在他看来，不管学术研究是否能够建立起一套科学的指标体系来感触幸福的存在形式，不丹政府都应该把幸福这一终极目标贯彻到国家政策当中，现在的政策大都是宏观的经济政策，缺乏对每一个个体在日常生活中对幸福追求的关注，他希望把幸福作为政策制定的出发点和目标。这一政策重心的转移将直接导致政策变化，从关注单纯的经济指标到关注每一个个体的实际幸福感。也许这一政策导向的转变会带来学术研究方向的变化，学者们也许会更多地关心百姓的幸福感，这个本来就应该是学术核心问题，只是一直以来似乎被遗忘了。而辛格提出GNH，正如他自己所说的，GNH作为发展核心目标的理念是根植于不丹传统哲学和文化之中的。

二、本土文化与外来文化融合

（一）佛教文化：施予带来快乐

文化，就是为了发展人性。那什么是文化？不丹首相廷礼认为，以不丹人的背景，国民幸福总值的观点，文化被称之为人性的文化，它的基本价值，若以家庭来说，是丈夫与妻子的关系、父母与子女的关系。

在现代化社会，所谓家，就是你吃饭的地方，睡觉的地方，但没有安全与归属感。可是如果你问不丹人："你家在哪里？"他们会说："在A村落或B村落。"在不丹人提到家的时候，是指祖父母，甚至曾祖父母、叔叔、婶婶，是很大的家庭。家的真正意义，是指他们"根"的所在，会给人安心，让人感到安全的地方。因此，在不丹的国民幸福总值的发展计划中，就是要提倡"你的根在哪？"

不丹在每个村落，每个地方，都有祭典。政府致力于不让这些祭典消失。这些祭典就是让平时散居各地的家人与朋友能再相聚，一起吃、一起睡、一起分享食物。祭典是重要的社交机会。而每个家庭，每年也许都有类似的宗教仪式，每年到此时，不管家人在哪里，都会来相聚一起。

不丹作为一个佛教国家，有一点比较容易被理解。如果你想要快乐，你必须“施予”，这是佛教和其他宗教价值体系中重要的一环。这是因为有怜悯心，你就容易去施予，你看到街上有人没有外套穿，正在受冻，你施舍你的外套给他，然后你看着他露出温暖的表情，你感到非常快乐。因为你的施予，让别人快乐，你也能快乐。施予带来快乐；分享带来快乐。如果你没有朋友，你也得不到快乐。

施予、分享、悲悯，如果在佛法里讲，这叫“业”，意思是善有善报、恶有恶报的因果报应。你施福给人，这些福，也会再回向你，就是这种价值观，让人们乐于施予。所以快乐，与人际关系息息相关，这些关系，包括你跟家人、邻里、同事甚至国与国之间的关系，因此，这不仅关乎个人的快乐，更关乎国家的快乐，全球的快乐。

这是不丹首相在接受台湾媒体采访回应记者对不丹文化的提问时，所给的一段解释。通过这段解释，我们对不丹的文化会有更深的理解。

正如不丹 2000 年发展报告中所指出的，一个幸福的社会应该是一个有关怀精神的社会，不仅是关心当下，更要关心过去和未来。建立这样的社会需要长期的而非短期的发展规划。而且不丹政府已经预见到了发展中必然会碰到外来文化与本土文化之间的冲击，外来生活方式与传统生活习惯之间的冲突。重要的是要调和这种冲突和不一致，适应新的环境和变化的同时，不要失去了自己特有的文化形式和身份认同。

不丹人传统文化中很重要的一块就是佛教文化，佛教的思想、习俗都深深地影响着不丹人的生活。不丹的很多家庭过去习惯送一个孩子去寺庙当喇嘛。如果一个村庄每一家都有一个人在寺庙出家，那么家里有人过世就不用请外人了，而可以直接由亲人来做法事超度亡灵，这种亲密的家族关系让不丹人获得了心灵上的慰藉，也增强了村庄的凝聚力。在节日的时候，由村长带领大家跳的面具舞，全村老百姓都穿上传统的服装跳起民族歌舞。这种集体活动不仅传承了几个世纪的文化习惯，也强化了村庄中的邻里关系，更重要的是这种村庄认同感增加了村民的安全感和幸福感。

（二）全民必学母语

不丹在发展过程中经受着如何平衡传统与现代的煎熬。在现代化进程中，西方的现代文明，包括流行音乐、现代价值观、现代舞蹈等，与不丹古老的文化习俗，包括传统音乐、传统价值观、传统舞蹈等，发生了激烈的碰撞。

在20世纪70年代打开国门，走上现代化道路后，不丹政治、经济、社会各个方面都发生了变化，人民生活水平逐步得到改善。但随着与外界交流的深入，外来文化冲击了不丹传统文化在国家的地位和影响力。不丹传统文化在国内也遭遇到逐渐式微的情况。很多年轻人开始放弃传统习俗，也不学习不丹的传统语言，不爱传统的体育运动，像不丹人从小就要学习的射箭，也不喜欢传统的民族歌舞，更不喜欢不丹的传统服装，他们转向迪斯科、摇滚乐，贵族则打起了高尔夫球，牛仔裤、T恤，西装、衬衣成了年轻人的新宠。他们热衷于印度的电影、电视剧，印度新出的电影和电视剧的盘片成了他们闲暇时光的消遣品。由于大量业余时间都花在这些外来的新鲜事物上，原来用来诵经、坐禅、转法轮的时间都被占用了。原来在空闲时间，不丹人喜欢去寺庙拜拜，平时在家里也会转法轮、念念经，大家通过这些方式能够静下心来反思一天的生活，求佛祖保佑、获得心灵上的宁静。但外来文化的冲击影响了人们的心态。

不丹四世国王辛格和他的大臣们意识到这个问题的严重性，于是在国内提出了保护传统文化运动。要求全体国民穿传统服装，学习本土语言，开展传统运动教育。进一步重视寺庙建设和喇嘛们的水平的提高。所有这些都是希望唤醒国民传统文化的基因。

（三）全民须学英语

在全球化的今天，要么被孤立于世界之外，要么融入这个大家庭中。不丹选择了这个大家庭。但不是简单的复制，而是有主见地取其所长为我所用。举一个例子，不丹比较重视英语学习，学生在学校都要学习英语。这是为了不丹能更容易与外界接触。但不丹在强调学习英语时，也没有放弃传统教育，而是投入大量人力和物力在传统语言的教授上。不丹政府的官方文件中强调用不丹母语和英语两个版本，就是为了对外交流和保持本土文化两不误。

卡玛是不丹首都廷布的一个大学生，他从小时候开始就有英语课了。他的英语老师中有些是国外的老师，有些课程都是用英语上的。所以他能用一口流利的英语交流，有一次一个新加坡教授到他们学校参观访问后，感叹不丹人的英语比新加坡人的英语标准多了。这句话很实在，东南亚各国国民的英语都普遍带有较浓的口音，即便是英美人士听来也颇费力，更何况英语非母语的人士呢。相对于新加坡那艰涩难懂的英语而言，不丹略带印度口音的英语实属不错。

体育和音乐一样是没有国界的，所以在体育上主动跟国际接轨是比较容易的。不丹现任国王的弟弟亲王吉格耶尔·旺楚克是不丹奥委会主席。他毕业于英国牛津大学历史和政治系。他与家人一样都极其喜爱体育运动，不仅骑马射箭样样精通，还经常在一起打篮球。广州亚运会期间他带领不丹亚运团参加比赛。他在接受新华社采访时，介绍了不丹现在的体育工作，不丹举办了亚奥理事会首届亚洲街头足球赛，不丹电视台从半决赛就开始实况转播这一比赛。为了推广2014年在韩国仁川亚运会而举行的趣味长跑活动，不丹有幸成为该活动的第二个举办地（韩国是第一个），而且规模空前，超过1800人参加了比赛，是多哈亚运会以来规模最大的一次。

而另一方面不丹重视传统教育，对学生进行传统佛教文化和传统习俗的教育，发展本国语言。语言是一个国家标志，也是各民族交流和沟通的必要工具。要保存和促进本土文化，没有本土的语言形式是不可能的。尽管不丹重视英语教学，但不丹政府仍然花费大量人力和物力培养本地语言老师，让他们给国民传授本国语言。这些都是为了让大家都能掌握新的工具，从而能够接触新的知识，掌握新的技能。

卡夏是不丹偏远地区的一个中学生，她现在在学校里除了要学习语言、数学、物理和化学等课程外，她还要学习传统歌舞和音乐，她还是村里节日时舞蹈表演的小演员。在学校里，老师也会组织学生们参加歌舞比赛，学生们都要自己制作道具，比如各种野兽面具都是学生们自己做的。活动当天，他们都可以戴上自己心爱的面具跳起舞来。学校的男生要学习射箭，每个村庄和学校都有靶场和专业的射箭队，周末也都会定期举办剑术比赛。

另外，他们还重视民间故事的收集和传播。在不丹民间有一个流传下来的故事，故事大意是一位老先生发现了一块价值连城的绿宝石，老先生拿这块宝石换了一匹马，后来又用马换了头牛，又用牛换了一只绵羊，绵羊换了一只山羊，又用山羊换了一只公鸡，最后老先生用公鸡换了一首歌。这个故事的意思是幸福和成功的道路和标准并不尽相同，也不是唯一的，而是因人而异的。正如不丹大师 Shantideva 说的："人的每一个行为的目标是幸福本身，无关财富多寡。"正是因为这些经典的民间故事一代一代地传诵，把不丹人民勤劳、诚实的传统也一代一代地传递下去。通过讲故事等形式挖掘不丹的传统文化资源不仅有利于进一步保存和提升不丹传统文化和国民认同感，而且也是实现国王的国民幸福计划的一个重要方式。

三、传承传统文化

（一）正规场合必须穿国服

保留和提升传统文化价值是保护和加强不丹作为一个主权独立国家的必要方式。不丹人口不到百万，国土面积也不大，经济实力不强，仍然属于后发展国家。军事实力就更差，目前只有陆军，而且基本上依赖印度，想要保持国家安全和主权完整是比较困难的。不丹政府试图通过提升精神和文化遗产来强化传统价值和风俗习惯，因为只有这样才能保持不丹的特性，在现代化的过程中不被同化。

不丹政府规定，无论是官员还是普通百姓在正规场合必须穿国服，否则要受到处罚。走在不丹首都廷布的街头，看到的不丹女子都身穿齐脚踝的“琪拉”裙；男子都宽衣肥袖，上身穿着名为“帼”的传统长袍，挽着雪白整齐的袖口，下着齐膝裙和长筒袜。所有的中小学生都要穿具有民族服装特色的校服，即便在偏远的乡村小学，你也会看到穿戴整齐划一的小朋友们。不丹政府要求所有的在对外窗口工作的人员都必须要着传统服装，尤其是导游。在不丹旅游，导游都肯定穿传统民族服装。要是你去不丹旅游，发现导游穿牛仔裤，可以向当地旅游管理部门投诉他。

不丹的传统建筑都不高，即便是国王的王宫也并不高大气派，只是不丹的建筑都很有特色，充分展示了不丹特有的文化特色，尤其是浓郁的佛教气息。在佛教观念中，悬崖峭壁、岩石不是通常人所理解的困难和障碍，而是挑战。所以在寺院和民房的建设当中也展现了这一理念，今天保存下来的历史遗迹中不少是世界上所罕有的，这些传统的建筑形式让不丹人随时都可以感受到自己身处于特有的建筑之中，感受到特有的文化气息。

去过不丹的人一定会为不丹那随处可见的经幡所吸引。无论是山边路旁，还是房顶门前，随处可见迎风招展的五彩旗，场面蔚为大观，古朴中透出几分神秘。旗子的边缘为蓝、白、红、绿、黄五种颜色，象征蓝天、白云、火焰、绿水和土地，代表了宇宙的“五大元素”——地、水、火、风、空。每到喜庆生辰、逢年过节甚至乔迁新居时，人们要做的第一件事就是挂经幡，以祈求护佑。每当经幡被风吹动，就等于将经文诵读了一遍。与此类似，不丹人经常把经文塞进木桶里，让其顺水飘流。在当地人看来，木桶因水流而动，也是自己诵经的一种方式。

（二）驱邪祈福仪式百年传承

神话传说、面具舞蹈、流传几百年的民间歌曲和歌谣是不丹珍贵的文化财富，也是不丹人民精神生活的重要组成部分。在不丹文化中，除了代代相传的民间故事外，还有不少仪式也是很经典的。在不丹，人们希望过上和谐、安定、幸福的生活，不喜欢冲突、斗争，他们通过仪式驱逐那些坏的精灵，来获得家庭、社区的和谐幸福。这个仪式有一个故事，据说在很久以前，在林卡徒，一棵柳树生出了一个奇怪的东西，像一个塞满的麻布包裹，人们都认为这是不祥之物，会给国家带来灾难。但国王看到这个奇怪的包裹却是很感兴趣，打开包裹，发现里面有个小孩，国王说要把这个小孩抚养成人，并且取名噶拉坡。小孩长大后，国王很喜欢他，就让他负责饲养他最喜欢的巴塔牛。

在牛场附近，一个农民为别人耕种了一大块小麦地。夏天，绿油油的小麦长势旺盛，这个农民正想着今年应该有个好收成了。然而令他纳闷的是，他每天早上都发现麦田里有一块被啃过。不管他晚上怎么守护，早上还是发现被偷吃。这个夏天他颗粒无收，更要命的是，竟然不知道是被什么动物吃的。尽管他怀疑是国王的牛吃的，但是他拿不出证据。他的才智也不足以和噶拉坡抗衡，噶拉坡不承认是他养的牛偷吃了麦子。

第二年，这个农民还是勤勤恳恳地种上了小麦，他希望今年不会再被偷吃了。不幸的是，他的小麦还是不断在被偷吃。他不能忍受这种情况继续发生，于是他在田里设计了一个陷阱，如果有动物来偷吃，就被毒箭射中。罪犯被抓住了，这个农民要求噶拉坡赔偿损失。噶拉坡却说把牛的皮扒了，割一块肉祭神。然而，两条狗跑来了，他们不吃牛排却打起来。两个小孩也跑来了，打了起来。接着小孩的妈妈、爸爸、亲戚、邻居等都跑来加入了战斗。每一个人都陷入了争夺之中。这一地区变得不再和谐、安定和幸福。

国王知道后，去问国师这是怎么回事。国师说根本原因是噶拉坡没有照顾好牛，他应该被驱逐出境，他是个灾星。于是，在噶拉坡被驱逐后，一切不幸和灾难都消失了，人们的生活又回复到平静、祥和之中。

这个仪式就是根据这个故事而举行的，主要就是要驱逐噶拉坡这个不祥之星。这个仪式花费不多，主要目的就是驱逐噶拉坡为村民带来宁静和幸福的生活。这种简单的仪式整个过程不到两个小时，表现的内容和思想却很丰富，让大家都感受到正义终将战胜邪恶，幸福终将到来。

（三）大学生光大佛学

现在不丹皇家大学的学生可以学习佛教课程了。卡总是不丹皇家大学的学生，他从小就受佛教教义的熏陶，他的父母都是虔诚的佛教徒。他现在在大学虽然学的是物理学专业，但是仍然对佛学感兴趣，他希望有机会能更深入地学习佛学理论，能够比较透彻地理解佛教教义。

为了让年轻的学生能够比较深入地认识和理解佛教经典，不丹皇家大学和不丹王国宗教部尝试在不丹皇家大学里开设佛学专业。皇家大学从 2009 年 5 月 9 日起举办一个为期十天的讲习班以了解这一计划该如何运作。在讲习期间，皇家大学试着通过论述、公开课和冥想的方式为学生解释和剖析佛学的实用性。皇家大学副校长佩玛廷利达绍博士说："方案可行，我们具体实施它，并把它引入到选定的不丹高校中。如果在皇家大学的试验成功，Samtse 教育学院就是第一个把佛学和传授知识的课堂结合起来的机构。”

不丹王国政府宗教部代表Gyembo表示，这个项目有利于青年，因为这会使他们明白他们在经历什么。不丹王国宗教部表示他们和皇家大学紧密合作把这一项目带给青年人，并持续执行这一计划。大学生作为不丹今后发展的精英群体，有比较深入的佛教经典的学习，对于他们提高修养，将来为不丹国民创造更好的未来，是很有意义的。

四、不丹文化：地球人心灵的故乡

不丹政府提出的GNH发展已经成为不丹的一张国际名片，尤其是穷国的高幸福度让世界侧目。一方面是国际人士来不丹参观访问，尤其是金融危机后，不少世界顶尖的经济学者来看不丹的GNH发展情况。不丹的成就给国际组织和国际游客都留下了美好印象，尤其是其文化和文化孕育下的国民。另一方面，不丹也开始积极宣传自己，让世界知道自己，正如佛教教义中所教导的，“独乐乐，何如众乐乐”。佛教讲的是普度众生，让大家都能够感受到幸福。所以不丹也积极传播自己的文化，让大家都能找到自己的幸福之路。

20世纪70年代不丹提出GNH时并不引人注目，然而20多年的实践已经引起全世界瞩目。世界上不少著名的经济学家把目光投向这个南亚小国，开始认真研究“不丹模式”。美国的世界价值研究机构开始了“幸福指数”研究；英国则创设了“国民发展指数”（MDP），考虑社会、环境成本和自然资本；日本也开始采用另一种形式的国民幸福总值

(GNC)，更强调了文化方面的因素。获 2002 年诺贝尔经济学奖的美国心理学教授卡尔曼和经济学家正联手致力于“国民幸福总值”的研究。

世界银行主管南亚地区的副总裁、日本的西水美惠子对不丹评价很高。她说：“我长期从事经济发展工作，对由于富裕带来的社会性疾病总是感到非常痛心。完全受经济增长左右的政策往往使人陷入物欲的陷阱，难以自拔。长期从外界来看日本人，我感到他们已经渐渐成为丧失精神上的幸福或干脆说是丧失了心中的故乡的国民。这样的问题并不只存在于日本，几乎所有的国家都存在相同的问题。但我们决不能悲观。因为世界上存在着唯一一个以物质和精神的富有作为国家经济发展政策之源，并取得成功的国家。这就是不丹王国，该国所讴歌的‘国民幸福总值’远远比国内生产总值重要得多。不丹在 40 年以前还处于没有货币的物物交换的经济状态之下。但是，它一直保持较高的经济增长率，现在已经超过印度等其他国家，在南亚各国中是国民平均收入最高的国家。在世界银行的排行榜中也大大超过了其他发展中国家成为第一位。尽管如此，去不丹旅游过的人都会异口同声地说，仿佛回到了自己心灵的故乡。不丹给我们地球人展示了许多高深莫测的东西。”

正如一个去过不丹的人对不丹一位政府部长说的：“你们很幸运，你以不丹人的方式成长，你的小孩也用同样方式，你们共享同样的价值。但我们的孩子，却不是与我们成长在同一文化里。我们的孩子，成长在另一种文化环境，而这种文化环境，是从外国传进来的。”在那种地方，他们没有时间带小孩，让他们自己看电视，给他们巧克力吃。在他们那里，认为父母的责任，只是给他们钱，确保他们的安全。实际上，父母的责任远远不仅于此，父母必须要给自己的孩子爱。

在外来游客的眼中，不丹的一切都是那么清新自然。不丹国家博物馆的帕罗宗塔二楼楼梯的房梁墙面上写着："仇恨从未因仇恨而终止。在这世上，只有慈爱才能最终平息仇恨。这是永恒的法则。"佛教文化教育不丹人民要有宽厚之心、包容之心，更重要的是爱人之心，要用爱去消融仇恨的坚冰。有爱才有幸福。"幸福始于微笑"，已成为不丹人民的格言。正是这无处不在的爱的教育，让不丹人心生慈悲，努力报答社会。宗教带来精神上的安慰对不丹百姓日常生活的影响是巨大的。不丹的游客们也深深感受到不丹人的这种精神。一个去过不丹的游客如是描述了他的感受：不论是在酒店还是景点，导游从来不催促，都是耐心等候；到参观地点，当地导游除了事先提醒能不能拍照外，还耐心讲解，对游客的问题也是尽心解答，似乎没有不耐烦的样子……在不丹没有漫天要价的商店，习惯于讨价还价的中国游客以为在这里也有还价的余地，店老板面对这样的要求只是微笑着一遍一遍说"Sorry"；这里没有沿街乞讨者，没有流浪狗或者流浪猫，大家说话都非常平和，连菜场里都听不到大声吆喝。

在不丹旅游的费用不菲——每天至少 200 美元的消费，而且高级酒店一天的住宿费都得 1000 多美元，所以，有人说到不丹旅行简直是"烧钱"。然而，在不丹你却可以感受到真实的幸福，是心灵上的满足。也就难怪梁朝伟和刘嘉玲会把不丹选为婚礼的举办地；上海滩服饰品牌的创办者邓永锵也选择在不丹的顶级酒店庆祝 50 岁生日，受邀出席的嘉宾包括国际名模 Kate Moss、Frankie Ryder 及约克公爵夫人等。

五、不丹文化启示：走自己的路

对照一下中国这20多年来的发展，不丹模式值得我们学习。中国经济发展虽然达到了年平均增长9%的高速度，创造了世界经济奇迹，但经济发展的好处并没有普遍惠及广大百姓。从1995年之后，国民的幸福指数非但没有随着经济发展上升，反而逐年下降。这就不由得使人发问：经济发展的目的到底是什么？可以肯定的是：一个国家的经济发展，不能使广大国民受惠，不能使广大国民幸福，这个国家的经济发展模式肯定出了问题。这种模式是不可能持久持续的。

不丹模式打破了我们原先很多习见和教条，比如经济发展和环境保护难以两头兼顾，只有让少数人先富起来经济才有活力，只有刺激消费经济才能维持增长，只有经济增长社会才能向前发展等等。说到底，不丹模式就是没把经济发展看作是第一位的起决定作用的力量，而是始终关注经济和精神的平衡问题。

中国传统哲学思想最显著的特点就是天人合一。依据这一原则，中国早就发展出阴阳平衡、内外协调的思想。因此中国文化最强调“和”。既然中国传统有这么好的思想资源，在有关国家发展道路和策略问题上为什么提不出任何新思想，而只是一味地沿着西方的发展道路亦步亦趋地追赶呢？这恐怕和清末以来不断否定传统文化有关。经过近一个多世纪对传统文化的妖魔化，许多人形成了一个习惯性的顽固偏见，以为传统文化是现代化的死敌，两者不能共存。要传统就无法现代化，要现代化就得消灭传统。在这种习见的浸染之下，人们自然就不会到传统文化中去寻找中国道路的答案了。而不丹之所以能提出不丹模式，完全是传统文化给他们提供了如何走向现代化的智慧。这一点值得我们深思。

第六章

幸福支柱四：政府善治

一个好的政府管理系统不依赖于任何个人或者个性，好的政府管理体系能够发挥积极高效的作用在于它内在的优点，这是我们必须为我们的后代创造的遗产。因为我们国土面积不大，人口也不多，是个小国，而且我们正处在发展的十字路口，我们有必要的灵活性和独特的机会创造出一套优秀的管理体系，这将会极大地促进和改善我们国家未来的发展，包括安全、福利等等。

——不丹四世国王吉格梅·辛格·旺楚克

再好的制度与文化保存计划，能否落实，关键在于良好的治理。联合国辖下的联合国协会（UNA），评选不丹为东南亚（含南亚）地区，善用非营利组织资源第一名。世界银行评估不丹的政府效能5.2分，高居第一，远高于平均的3.1分。

不丹政府在从一个传统的君主国走向君主立宪的现代国家的道路上，一方面保持了其传统文化中优秀的一面，即廉洁、奉献、安贫乐道，大家都以佛教教义中强调对社会的奉献来指引着自己的行动，这是不丹国王和他领导的公务员队伍的优秀一面，这是很难得的；与此同时，不丹政府也意识到西方社会的民主制度有其优秀的一面，尤其是对权力的监督和民主参与这些都是好的。没有人敢保证不丹不会出一个暴君，而最好的方式就是用制度调动起人民的力量，让人民参与到政府管理、参与他们自己社区事务的管理当中，让他们自己当家作主。这样可以避免恶治。尽管习惯了不操心的国民在走向民主时会有些许不适应，但是这终究是要迈出的一步，毕竟自己的命运要自己来主宰。与其让别人来反你，不如自己主动退位，不丹四世国王辛格是这样想的，也是这样做的。

我们不应该对一个还在发展中的小国的国家制度抱有很高的期望，但他们在很多方面都在一步一步地向前迈进，这就是很好的趋势。我们不应该渴求一夜巨变，这不现实，也不是好的方法。社会的变革是缓慢的，治理变革同样是需要时间的，需要人们养成新的习惯。按照佛教教义，人的一生是在修行。修行不是去享受，而是体验，包括顺利的和不顺利的、快乐的和不快乐的。幸福就是参与变革过程的体会。

一、反腐败责任主要在政府

一个透明、廉洁的政府体系是善治和民主的基础。公务人员不以为人民服务为宗旨，而以个人私欲为目的，幸福国家只会越来越遥远。不丹国王一直以来都是以身作则，也要求身边工作人员要廉洁自律。在很多国家，皇宫应该是国家最大的豪宅，富丽堂皇。然而，不丹的王宫却很不显眼。如果不是房前的国旗，很难让人想象国王还有他的家人住在这样的房子里，还没有很多贵族的别墅气派呢。在 2007 年透明国际组织做的国际清廉指数排行榜中，不丹位列 180 个国家中的第 46 位，属于表现不错的国家，尤其是作为一个发展中的君主国家，在民主制度建设尚不健全的情况下，这一成绩不简单。不丹的反腐败委员会 2006 年才开始成立。这一点也是跟不丹的佛教文化相关的。不丹最伟大的建筑是寺庙，老百姓可以住茅草屋，但菩萨一定要有好庙供奉。大家不去攀比吃喝玩乐、不去攀比住豪宅、开好车，而是比奉献，比的是对社区的贡献。这在一定程度上为不丹造就了廉洁的文化氛围。

有好的文化氛围，并不意味着不需要制度的约束。一个现代社会，如果没有良好的管理体系，单纯依靠道德规范的约束是不现实的。在埋怨道德缺失的时候，也应该反省下是否建立起了完善的制度体系，这才是根本保证。

一个廉洁的社会主要有两方面的因素：一个是廉洁的文化。不丹反腐败委员会主席说："不丹这样的小国要想生存下去，决不能容忍腐败。不丹必须发展一种文化就是对腐败零容忍。"不丹政府认为腐败是道德退化的一种表现，这种行为将会极大的削弱政府的行政能力，危害国家、影响民生。不丹的传统文化是不丹廉洁文化的一个重要来源，在不丹发展廉洁文化需要充分发挥传统文化的作用。

另一个是制度。不丹正是意识到反腐败的责任主要在政府身上，于是设立反腐败委员会和立法通过相关的反腐败条例，在 2005 年 12 月 31 日颁布法令成立反腐败委员会。与此同时，国家也逐步建立了议会民主。不丹反腐败委员会的主席还特意到全球著名的香港廉政公署参观访问学习，把香港的先进制度带到不丹。

二、政府团队既高质又高效

一个高效的政府，首先需要一个强有力的领导人和经验丰富的管理团队。这些核心领导层直接影响着整个公务员队伍的精神面貌，对于组织文化和管理绩效都起着很大的作用。不丹政府的管理团队成员都是受过高等教育的，不少还是欧美世界级名校的毕业生，像四世国王辛格就读于牛津大学，大国师是剑桥大学博士毕业。高质量的领导团队保证了政府管理的水平。四世国王辛格还入选 2006 年美国《时代》

周刊全球100位最具影响力领导人之列。

对不丹这样一个人口不过百万的小国，一个当时还是君主制的国家的国王如何能够当选呢？辛格有非常明确的发展目标，他很清楚如何利用他手中的权力调动国民按照他的理念来推动国家发展进步。在过去40年中，不丹的国民生活水平有了较大的改善，国民人均寿命、国民识字率和教育水平等指标都有极大的改善。很多观察家认为辛格更像一个和尚用佛教的理念指引着国民的前进之路，而不像一个国王。实际上，他总是把国民和国家利益置于个人利益之上，他真的把自己视为人民公仆，为国民鞠躬尽瘁。难怪《时代》周刊对辛格的评语颇高，其中说道："政客们通常被人怀疑，是因为他们看起来太渴望权力，想把一切权力都抓在手里，而不愿意作出任何一点让步。可是一个自愿放弃自己的王位、把国民利益置于自己之上的人又当如何理解呢？"

辛格国王作风开明，深受不丹人民的拥护和爱戴，有"平民君主"之称。尽管继位后，他很少出国，只是偶尔去瑞士检查身体和访问印度，但他通过网络关注世界变化，并常常亲自驾车去全国各地考察民情。考察路上，无论遇到普通牧人还是城市平民，他总是热情地把他们招呼到一起聊天，甚至一起用餐，毫无君王架子。老百姓遇有重大事情，也可以直接上书，或干脆写好字条放在国王车子必经的路上，用石头压好。国王的专车经过时，国王会亲自下车，取走字条带回去处理。此外，辛格国王还经常在王宫接待来访的平民百姓，了解民间疾苦。

不丹国王曾经让国民议会通过一项决议，每三年就投一次票对国王的行为和能力作出一个评价，如果有三分之一以上的议员投不信任票，那么国王就要自动退位。这估计在世上是少有的。更重要的是，不丹四世国王自己在1998年把国家的行政大权交给大臣委员会，自己不再兼任国家元首。

除了能力超凡的领导团队之外，也要有一批出众的从事具体工作的行政人员。不丹政府的公务人员都非常优秀，他们基本都接受过高等教育。进入公务员队伍要经过考试，不丹皇家政府有专门的公务员局负责公务人员的招录工作，并且平时还要负责监管这些人员的行为。不丹有99%的出国留学人员都选择回国，这些人中不少都充实到政府部门，包括中央和地方的各级行政部门，以及公共服务部门。万通集团的董事长冯仑和阿里巴巴集团主席兼首席执行官马云等人，曾到不丹体验幸福。回来后，冯仑写了篇杂记，其中讲到他原以为不丹这样的穷国公务员素质也不会很高。可是令他惊讶的是，他见到一个电视台制作人，竟然是美国名校伯克利的新闻学硕士。他问当地负责人怎么这么多名校学生在不丹，对方告诉他不丹1万多名公务员中70%在国际著名大学进修过。自从1960年以来，不丹政府总共已经有近万名公务员到海外接受培训。现在基本上每年都有400多人到海外接受培训和深造，另有500多人在国内高校接受培训和再教育。

公务员队伍如此高的国际化比例，在发展中国家是少有的。正因如此，不丹能够吸引外国政府和国际组织参与到不丹的经济和社会发展中。国际上好的管理理念和技术能够比较容易地被不丹政府和公务员队伍接受。不丹的GNH量表，这样数据化的管理方式是要比较高的技术能力的行政人员才能做好的。毕竟再好的理念，如果不能落实到实处，没有人做得出来，那也是白搭。

三、权力充分下放到基层

不丹政府的权力下放始于1981年，这是一个分段实施的缓进过程。第一个十年，目标是将权力由中央下放到各地方行政区。1991年开始，再将权力由地方下放到各村落。因此，从1991年起，地方的发展计划，就是由下而上提出；而地方的首长，也是由各地方选出。

四世国王辛格早在20世纪80年代初期，就开始了向地方政府放权的改革。在第五个五年发展规划开始的1981年，基层民众就可以参与各自所在地区的发展规划的讨论和制定，从而让发展规划体现当地民众的需求，调动了民众参与本地建设的积极性。辛格推动成立了地区发展委员会和社区发展委员会，当地居民可以选举自己的代表进入到这个委员会中参与地区发展规划的制定和决策。

不丹有20个宗（县），宗下面有202个格窝（镇），格窝下面有村，村下面有小组，小组由一户一户组成。村民选出组长和村长代表他们参加各种会议。格窝会议开得比较频繁，比如1991年一个格窝就召开了36次由村民代表（也就是小组长和村长们）参加的格窝会议，决定格窝的政策。另外，村长和组长也要在村里召开会议听取村民的意见，并且把格窝会议获得的资讯转达给村民们。格窝负责人和村长从17世纪以来就存在，在村庄管理中起到了重要作用。他们是村庄和国家之间的纽带。

辛格登基后就开始了权力下放。在行政上，辛格下放权力给地方政府，人力资源下放到基层政府。政治上，辛格鼓励国民积极参与地方发展的规划、政策制定和执行。为了村民们选出的代表能够更多地参与到地方政策的制定过程，各地区都成立了地区发展委员会作为代表们讨论的场所。目前全国有 20 个宗（县）发展委员会，560 名委员。宗发展委员会的成员包括地区行政长官、国民议会中的本地代表、村长、村民代表等。其中宗行政长官是主席。宗政府中各部门的长官可以作为观察员旁听，但不具有表决权。宗发展委员会的规模是根据地区的面积和人口数量而定的，通常大概在 20～60 人之间。宗发展委员会通常一个季度开一次会，另外，在每次国民大会前会召开一次，如果有紧急事务可以要求召开。

有了宗发展委员会，政府可以让国民参与到政策制定过程，尤其是，地区发展规划和发展项目的制定。这样宗的发展事务就能够体现地区民众的意愿。地区居民可以反映他们的想法，中央政府通过各地区发展委员会反映的意见，为各地区有针对性地制定国家发展计划，在制定全国计划时考虑到各地的不同需求和愿望。这样的规划在执行中就会减少地方阻力。这种由下而上的政策制定方式比较充分地反映了民间意愿，是比较民主的方式。对于不丹这样的小国，是比较好的方式。政府从第五个五年计划的起草开始就征询全国各地的地区发展委员会的意见，国王亲往各地区参加公开会议参与讨论听取地区居民的意见，在公开大会上，每一个家庭都有机会表达观点。经过反复磋商后，由国王定夺，最后交由国民议会通过。

最后通过的规划会被送往各个资助国和国际组织，看他们对不丹的发展项目是否感兴趣，愿不愿意参与不丹的发展，为不丹各地区的发展提供资源。

另外一个大的步骤就是在各个格窝成立格窝发展委员会，这是为了把权力进一步下放到基层，让基层百姓有机会参与到地区发展规划和政策制定过程，培养居民的民主和政治意识。不丹政府意识到虽然已经建立起了基层政府，以满足民众需求，但是有必要强化基层政府的责任意识，让他们更加负责地面对地区居民的需要。而民选出来的地区发展委员会和格窝发展委员会就是比较好的机构，让地方政府和基层政府更加负责地履行义务，尽职尽责地为当地居民服务。

现在已经在202个格窝建立起了202个格窝发展委员会，共有近3000名民选委员。以格窝负责人为主席的发展委员会包括村长、组长等民选代表。格窝政府其他部门官员只能作为观察员旁听发展委员会的会议，没有表决权。根据委员会的组织法，任何决议必须有2/3以上的委员参加才可以表决。如果大家不能就某项政策达成一致，简单多数的表决结果就算通过决议了。不丹通过这种实际的运作把民主理念和形式介绍给国民，让国民在潜移默化中学会行使自己的权力。

不丹的格窝发展委员会的成员三年一改选，候选人由当地居民推荐产生，投票选举的方式各个地方不太一样。比如在比较小的社区，居民之间都相互熟悉，大家都很清楚某个候选人是否合格、是否乐意为居民争取正当权益，用投票箱或者举手的方式就可以决出委员人选。有的时候也会用更传统的方式，通过计算反对和支持的手指印的方式来决出代表人选。有的时候也会用抽签的方式来决定谁来出任委员，这种情况往往出现在候选人之间差距很小的时候。这种方式也被大家所接受。这些选举方式不仅用于选举格窝发展委员会委员，宗发展委员会的委员和国民大会的代表也是通过这些方式选举出来的。

1992年实施的格窝发展委员会组织办法对委员会的组成方式、工作方式和职能范围作了界定。格窝发展委员会主要是促进该宗的和谐稳定，提高居民的政治意识，列出宗发展的优先领域，保证居民能够充分参与到规划项目的设计、决策和执行过程，评估政策效果。这个法律版本切实把民主带到了村、格窝一级，让大家都能亲身感受到民主，让大家都能参与到与各自切身利益攸关的政策制定之中。

两级基层委员会的建立直接让国民参与到五年发展规划中。在每个五年发展规划制定之初，国王、各部门负责人、规划委员会的官员会参加各个宗举行的公共大会，在这些大会上，宗发展委员会的委员、格窝发展委员会的委员都会到场，大家都可以畅所欲言，表达各自宗应该如何建设、需要建设什么项目等等向中央政府提出意见和想法。中央政府在制定规划时考虑各宗的具体情况，斟酌办理。在第二年各区的规划草案出台后，国王在各相关部门官员的陪同下前往各区参加宗规划大会，听取意见，基于大多数人的意见基础上，对规划方案定稿。各宗的规划方案确定后，合并成全国的规划方案提交给国民大会讨论通过。

宗发展委员会和格窝发展委员会为居民提供了一个参与地区和国家发展的政策制定的机会。地区和国家发展能够充分反映居民的意愿和需求。居民通过这些基层组织影响着国家经济和社会变化进程，使国家发展向着居民需求的方向发展，居民的幸福在国家发展政策中能够得到及时充分的反映。所以国民能够享受到国家发展带来的好处，因为发展是以居民需求为导向的。让居民幸福的，政府就做；否则，政府就不做。辛格反复强调不丹的未来掌握在国民手中，所以要让国民学会使用手中的权力，促进国家发展和全体国民的幸福。

国王原来是凌驾于国民议会之上的，国民会议的决议对国王没有约束力，但在1968年的国民会议上，三世国王多尔吉自愿放弃了否决权。这样一来，国民议会的决议就成了最终决定，国民议会成为不丹的最高权力机关。即便国王对其作出的决议有不同意见，也只能把自己的意见提交给国民议会讨论，如果还是有2/3以上的代表赞成原来的决定，那么这项决议就自动成为不丹的一项条例，大家都要遵守。国民议会的决议需要2/3的多数人同意才可以通过，这样是为了保证国家政策是大多数人同意的，而不是简单多数同意，减少了政策可能带来的不良影响和反对，更有利于政策得到更好地落实。在国民议会上，大家都可以充分表达自己的意见和看法，法律还鼓励大家多提意见，这样才对得起政府为每一位议员提供的工资和福利待遇。非议员可以旁听，外国人也可以旁听。大家都能有机会了解国家政策的制定。

四、走向民主：让人民学会管理国家

“今天，你们或许拥戴我，但明天呢？几百年后，也许出现一个坏国王。我是生而为王，我努力服务你们，但我不是因为我够好，而被推选为王。我成王，因为我是皇家子孙。你可能生而为明君，也可能生而为暴君，所以这个国家未来的前途，不能交给未知的命运。”这是不丹四世国王回应老百姓不让他退位时说的话，他觉得自己现在做得好，能够让老百姓满意，不代表今后自己的子孙后代也能够像自己这样尽心为民服务。为了避免出现暴君，还是要把权力还给人民，让人民学会管理自己的国家，选择自己的管理者。

辛格作为国王，在不丹享有绝对权力，但他却选择逐渐释放权力。原因是多方面的。

首先，是为了改善政府绩效，让大家更多地参与政府决策，辛格提出国民幸福总值理念，就是要全体国民都过上幸福日子，而幸福中一个重要方面是居民能够自己决定自己的幸福，而不是别人施舍的。那么民主就是必要的一步。民主的好处是选出自己的代言人为自己说话。不丹要建幸福王国就必然要走民主之路。在过去几十年，不丹民众已经体会到了民主参与的好处，像宗和格窝发展委员会就是民众参与地方决策的重要场所，各地的发展都有反映当地民众的愿望和意志。

其次，是不丹的外部环境让不丹国王要放权给人民，让人民有责任意识。幸福除了是政府要为人民创造好的环境外，人民也应该对国家有责任感，为国家做出贡献。毕竟人终究是要有国家荣誉感和归属感的，才算是幸福的。锡金之前是南亚的一个小国，后来由于内乱，被印度吞并，成为印度的一个邦。锡金的遭遇让不丹王室和有识之士比较警觉。印度一直都在限制不丹与外界的交流，对不丹虎视眈眈。辛格放权给民众也是希望借此让民众觉醒，让民众意识到不丹现在所遇到的问题。一旦国民都意识到这个问题，自然就比较团结，印度不敢任意侵占。所以幸福也应该包括对国家承担责任和义务。政府固然要为民众提供必要的服务，但是民众也应该回报社会、奉献国家，这是双向的，不可偏颇。假如国都没有了，还谈什么个人幸福呢？

再次，民主是国际趋势，成为民主国家后，不丹更容易被国际上所接受，更容易融入国际大家庭，这对于不丹获得更多的外援也是有帮助的。

1998 年，辛格国王正当年壮，在国际和国内的威望和影响力也是与日俱增，深受人民爱戴，此时他却作出一个让不丹国民和世界震惊的决定：主动解散内阁，对国家行政体制进行重大改革。他宣布自己不再兼任政府首脑，除国家安全等重大问题外，日常行政权力全部移交给国家最高行政机构即大臣委员会。

2002 年，辛格又提议修改《宪法》，赋予国民更多的权利。他表示，希望成为立宪君主。他在接受采访时说："这是我们想要做的事。我根本没有面临压力，当然也没有来自国内的压力。"对实行民主的原因，他解释说："根据血统而不是能力选择一个国家的领导人是不明智的，不丹不能拥有一个与南亚区域合作联盟盛行体制不同的政治体制。我可以努力做个爱民的国王，但我无法保证不丹代代都有好国王。为了不丹人长远的幸福，我们还是应该推行民主。"南亚区域合作联盟由不丹、尼泊尔、印度、巴基斯坦、孟加拉国、斯里兰卡和马尔代夫组成。

2005 年 12 月，正值不丹国庆，50 岁的国王辛格在距首都廷布以东 900 公里的一个偏远村庄，给 8000 名牧民、僧人、农民和学生发表演讲，在会上他宣布：他将在 2008 年把王位传给 25 岁的王储吉格梅·基沙尔·旺楚克。同期，不丹会在 2008 年举行首次议会选举。这意味着不丹王室将放弃"绝对权力"，不丹将从一个君主国家变成一个议会民主制的国家。辛格国王是这样解释的，他说："改变政治体制的最佳时刻就是国家处于稳定与和平之时。为什么要等到发生革命或者老国王去世时，才为继承人加冕呢？现在就是我引退的最好时机。”

根据不丹新《宪法》，不丹新国会实行两院制，上院设25席，下院设75席。国王为国家元首，但国会有2/3以上的人投票同意可以弹劾国王。国王权力受到了极大的削弱。

不丹官方媒体《昆色尔》报主编金莱·多杰说：“国王这个突然的决定让全国人民都陷入了疑惑之中，不丹人真的不希望这个历史性和戏剧性的决定来得这么早。”

首都廷布的一位退休政府官员说：“我们还不明白国王的决定意味着什么。在这个国家从君主制向议会民主制过渡的过程中，我们期望一切顺利。”一个经营饭馆的老板说：“听到国王要退位的消息，我震惊极了，禁不住哭了出来。那些同样无法相信这个消息的普通民众纷纷来到寺院，为国王祈福。”可见老国王在人民心目中的地位是很高的。

在大家对老国王恋恋不舍的时候，对新国王也充满尊敬。新国王吉格梅·基沙尔·旺楚克拥有牛津大学教育背景，是国王辛格五个儿子中的老大，2004年10月21日被正式册封为王储。据不丹政府官员说：“王储在不丹非常受欢迎，他已经在不少政府和非政府活动中扮演了重要的角色，他的治国能力完全毋庸置疑。”

一般集权国家的民主进程，总难免引发守旧与进步势力之间的冲突与对决。但不丹民众却与众不同，他们对民主政治是半推半就。如果不是老国王和新国王都鼓励和要求大家去投票站投出神圣一票，大家都宁愿赶紧下田种地。不丹民众对民主国家常见的游行示威十分陌生。首都廷布举行的街头抗议活动，由于喊口号的音量太大，把许多不明情况的市民吓得打电话报警求救。很多居民就喜欢原来的样子，不想民主。尽管如此，在自上而下的推动下，不丹的民主进程还是有模有样。

参加选举的两大党——人民民主党与繁荣进步党，分别是2007年9月和10月在国王协助下成立。选举自然是这位前任国王的心血结晶。两党领导人之前都做过不丹政府的首相。人民民主党内包括五名前内阁部长；繁荣进步党则有多位医师、工程师、卫生及教育专家等加入，他们希望打造年轻活力的形象，争取年轻选民的认同和支持。两党的政见比较相似，都是强调促进国家发展、加强基础设施、改善民生等等，同时要遵守王室的理念，以国民幸福总值而不是国内生产总值作为发展理念。两党口号分别是“追求平等公义的成长”与“谦卑服务，起而行”。两党推出的92位候选人，在全国47个选区竞选国民议会的47个席位，其中占据多数席位的政党可以推选首相。

根据不丹选举委员会的数据，不丹共有合格选民31.8万人。由于法律规定，选民必须回到出生地投票，据《不丹时报》报道，65岁的老妇人戴玛竟然由首都廷布步行600公里，回到不丹东部偏避的老家投票。戴玛表示，4年前她第一次坐车时发现晕车，于是决定步行回老家投票。

整个过程非常顺利，投票率也比较高，共有79.4%的选民参加投票。根据选举委员会公布的结果，繁荣进步党赢得44个席位，政府首相由该党成员出任。

什么样的民主方式才是最好的？什么样的民主方式才是国民最需要的？现在不认同不代表今后不认同。辛格意识到他全力阻止外来文化的入侵，但他也很清楚，不丹的民主之路是必然的，因为西方的民主文化迟早要传入不丹。随着不丹国民受教育程度不断提高，国民对民主的认识将不断加深，他们迟早会提出民主的要求。与其到时候被他们逼着让位，建立民主制度，还不如自己主动提出来，这对大家都好。而且民主之路是个漫长的过程，国民是需要民主训练的，在这个过程中国民对民主的认识也会加深，理解也会更透彻。

第七章

GNH幸福刻度：幸福是这样评出来的

前面我们讲了不丹政府如何在国家政策层面，让国民生活得更加幸福，那么如何知道不丹人民是否有感受到国家政策带来的幸福呢？如何评价政府的政策效果呢？既然不丹的国民幸福总值理念是希望促进国民的幸福感，那么去看看不丹国民是否幸福，就知道政策是否产生效果了。问题是如何知道别人的幸福感呢？

根据不丹特殊的国情，不丹研究院集结了各学科的专家学者，编制了一套调查问卷，测量国民的幸福感。问卷从心理幸福感、身体健康、时间使用、教育、文化多样性与认受性、政府管理 、社区活力、生态多样性和认受性、生活水平9个方面来考察国民的幸福感。9个领域分别由9个小组负责。各小组都是相关领域的专家，同时还有一个有定量统计背景的研究人员。2005年，不丹王国的第一份国民幸福感调查问卷出炉。随后2007年，不丹研究院又出版了官方正式版本的调查问卷。该套问卷总共有72个指标290个问题。这套问卷除了能帮助了解居民是否幸福这个基本问题外，更重要的是，还可以从居民对这9个领域的评价，看出政府政策的优缺点，从而让政府在今后的政策制定和执行中，有针对性地解决这些大众不满意的地方。这种量表不同于其他形式的量表。这种方式不光可以知道国民是否幸福，而且还可以知道国民什么时候幸福、为什么幸福，对哪些领域满意，对哪些地方还不满意，也可以区分出不同地区的国民对不同领域的不同幸福感。这样也可以成为对地方政府的一个考核因素。

一、幸福可以测量吗?

“幸福”二字看起来简单，然而如何测量幸福感却一直是学者们所思索的问题。200多年前，英国哲学家边沁指出，政府的政策应该以致力于改善人民的福祉、提高人民的幸福感为目标。为了有效度量大众的幸福感，他提出了量化幸福的想法，他认为影响人的幸福感的因素很多，如生理、心理、文化、天文、地理等。“金钱不是快乐真正的要素”，但金钱似乎是最容易找到的衡量幸福感的指标。基于边沁的想法，各种学科的学者们都参与到量度幸福的研究中，生物学家、经济学家、心理学家等。经济学家们从萨缪尔森开始致力于幸福函数和幸福方程的构建。心理学家们试图构建个人幸福感的指标体系，测度人的心理和现实生活的满足感、幸福感。现在对于幸福感的测量，基本认同从两个方面：一个是个体的自我感觉，也就是主观感受，即心理满足感和幸福感，这个主要是从个人、家庭、社会等多角度来度量个体的幸福程度；另一个是客观指标，如收入水平、社会地位等，这个主要是考虑到单纯的个人感官不足以反映真实的幸福程度。在这里面主要有心理学量表和经济学家提出的国民幸福总值的测量。前者侧重微观个体感受，后者偏重宏观总体的幸福程度；前者做得比较多，后者做得不多。不丹政府的GNH委员会和不丹研究院共同推出的国民幸福总值调查问卷，主要是对居民的幸福感进行考察，根据对居民调查问卷的分析得出国家幸福值，同时根据问卷中居民的选项，来评价政府过去的绩效和指导政府下一步的政策。

二、GNH九大指标

（一）心理幸福感

集体幸福是GNH社会的主要目标，而社会成员的心理是否幸福，则是个体重要指标。由感受到幸福的居民组成的社会自然是幸福的社会，反之则是悲情社会。居民的心理感受是很重要的，如果社区居民普遍感到不满意现状，感觉不到幸福，那么政府就应该反思政策是不是需要作出改善，有没有为居民提供必要的公共服务。这样才能推动政府更加积极地从居民的需求考虑，提供相应的政策和服务。在国民幸福总值的问卷中，心理幸福感主要包括三个方面的内容：心理压力指数、情感平衡指数和精神指数。比如嫉妒、自私自利、慷慨大方、怜悯、内心是否宁静等等都在测量范围内。

现在已经有的幸福测量问卷中通常有一个比较简便的方式就是问大家是否感到幸福，从1到10，数值越大，幸福感越强。接着就简单地得出结论，哪个地方的居民是否幸福，幸福感是多少，然后就可以根据得分来个全球排名。这种简单粗糙的测量没有多大的现实意义。对各个国家在改进政策、促进国民幸福上没有多大作用，因为这种量表里面不能反映出居民在哪些地方满意、哪些地方不满意、居民有什么需求、政府应该做什么，等等。毕竟单纯地测量居民幸福与否没有什么价值。价值在于其核心目的是为了促进政府更加关心民众的需求，积极听取并且回应民众的心声。

在这份问卷中，关于心理幸福感共有27个问题。

1. 关于满足感的问题有6个。

要求被访谈者评估自我幸福状况，从生活质量、健康状况、生活水平、财富、工作、家庭关心等作出评价。这样通过访谈者的回应，就可以看出哪些方面让他感到幸福，哪些方面他还不满意，多维度地反映居民的幸福感。从第 17 个问题可以看出，这套量表比较注重个人关系网。在社会中能否得到周围人的帮助，体会到社群的温暖是个重要指标，所以第 17 问中就问到居民是否能及时得到周围群众的帮助。

第 17 题　当你需要以下帮助时，你能够得到的帮助的频率如何?

	从来没有	有时	大多数时候或者都有	不知道
生病的时候有人帮助				
有问题（如作出决策、资金问题、感情问题等）时有人帮助				

2. 关于心理压力的问题有 14 个。

这是一个比较重要的领域。测量心理压力可以知道居民压力的来源，而且压力是否影响到了生活质量。适当的压力没有坏处，反倒可以激发斗志。问题是居民能否正当处理压力，化压力为动力。重要的是，压力是否在承受范围内。这份问卷就是通过不同的问题来回答上面的问题。

第 20 题　过去四周内能否把注意力集中在正在做的事情上

比平常更加集中	跟平常一样	比平常差	比平常差很多	不知道

第 23 题　过去四周内能否就有关事情做出决定

比平常更好	跟平常一样	比平常差	比平常差很多	不知道

第 25 题　过去四周内感觉自己能够克服困难

从不	跟平常一样	比平常好	比平常好很多	不知道

第 29 题　过去四周你对自己失去信心了吗?

从不	跟平常一样	比平常好	比平常好很多	不知道

3. 测量居民精神信仰的问题有 6 个。

精神信仰对个体幸福感是比较重要的，这涉及到我们从哪里来、到哪里去的问题。找不到方向就会迷茫，自然也就找不到幸福之路。不丹人都信仰佛教。从佛教里，他们找到了平衡。所以问卷中涉及到宗教信仰和平时是否参与宗教活动及修行。

第 33 题　你经常诵经吗?

每天	偶尔	基本不

第 35 题　你经常去社区里的寺庙或者其他重要的宗教场合吗?

每天	偶尔	基本不

4. 测量居民情感状况的问题有1个。

看看居民过去一段时间的心情。第38题从下面几个方面评估居民在过去几周的情绪变化。这个表可以测出居民在过去一段时间各方面的情绪变化，从而得出整体国民的情绪变化情况。这样的数据是很有意义的，与其他数据相结合可以推算，是什么原因造成这样的国民情绪，应该如何让国民都有好心情。

第38题 你过去一段时间有下列情绪吗？

	经常	有时	从不
生气			
愧疚			
自私			
忌妒			
自豪			
镇定			
激情			
宽宥			
满足			
慷慨			
失望			
悲伤			
挫败感			
其他			

（二）身体健康

我们常说，身体是革命的本钱，没有好的身体就没有机会享受幸福，所以身体健康状况也是一个重要的方面。但这种自我健康状况评价不同于客观的身体检查。也许有人说要知道身体是否健康去做个体检不就知道了，有必要做问卷吗？医院里做的体检是身体状况，主要是物理上的。这份问卷中涉及到比较广的领域。首先，一方面是个体的自我身体状况的感受，另一个是医疗服务状况。其次，是卫生习惯。这与医院做的检查完全不一样。这既不同于卫生部门做的健康状况的调查，也不同于居民的体检。前者注重医疗资源的投入，有多少病床、有多少医生护士、有多少先进医疗设备等等，后者关注居民有没有身体异常状况，血液检查、胸肺检查等等。这里是真正以居民的幸福感为导向，测量地区国民的健康状况在幸福感中的地位。

问卷中共有 39 个问题是关于身体健康的。包括对访谈者的住院时间、心理状况等等都有了解。问卷中专门列出了多个问题是关于吸烟习惯的，为制定更加有效的禁烟政策提供有用信息。同时还测量个体的身体质量指数，即身高和体重。问卷中有多个问题是关于医疗服务的。能否及时得到有效的医疗服务是个体幸福感的一个重要方面，也是评价政府作为的一个重要领域。所以问卷中问到居民对医护人员的技能、态度等方面的观感，同时也涉及到居民去就医的难易程度，这也是一个很重要的方面。通过了解居民对这些问题的回答，政府可以掌握现有的医疗服务中的软件还需要作哪些改善，医疗设备需不需要增加，以及如何更好地督促和监管医疗工作人员更好地服务病患。

第 74 题　上一次你去医院或基层卫生门诊时，你对下列几项的满意程度如何？

	满意	一般	不满意	不清楚	没意见
医护人员的技能					
医院或者卫生室的整体干净程度					
医护人员的友好度					
疗效					

第75题　上一次你去看医生或保健医师时，下列因素在何种程度上让你觉得很困难？

	很困难	有点困难	不困难	不清楚
离医院或诊所的距离				
交通问题				
等待就医的时间				

（三）时间使用

时间利用是一个非常有效的窗口去评估我们的生活质量。一个人是否幸福就看他都做了什么事情，生活是否充实，是否有意义。人除了工作之外，业余生活也是非常重要的，比如睡觉时间、个人护理、社区参与、学习、宗教活动、社会文化活动、体育运动、休闲、旅游等等，这些都是生活的重要组成部分，丰富的业余生活有助于增强个人的幸福感。

这个问卷比较关注非工作时间内居民从事的活动。这个问卷不光涉及到过去24小时的时间利用情况，还对过去参与的活动进行调查。所以这份问卷提供了一个很长的表格让居民填上过去一天的所有活动及其时间、参与人员和自我感受。

这个指标与我们的日常生活和长久幸福都密切相关，因为我们每天对时间的分配直接影响到我们的精神和身体状况。问题是，总有一些事情会占用较大块的时间，这些事情对我们的时间分配有非常重要的影响。现代社会的人们上下班要花费的通勤时间，全世界各国都在增长。不丹也不例外。另一个普遍的现象就是等待的时间在变长。去银行要排队，去超市付款也要等候，上医院看病也要轮候。可惜的是，人们没有对时间分配给予足够的重视。也许是我们认为，这是因为忙于生计。合理分配时间，是不可逃避的。

我们身体的系统构造是有规律的，这个规律深植于我们体内，并要求我们以有规律的时间安排，来组织我们的生活。抛开金钱和一些其他因素的影响，我们同样能从时间使用上窥视生活质量。比如，现在在不丹，35 岁的人花费在工作上的时间最多，因为他们家中有老人、小孩，他们是家庭的主要劳动力。年龄大的已经不能干重活了，年纪小的还在上学，所以他们必须努力工作才能养家糊口。当然在这个阶段的人们正处于黄金时期，也是最佳事业期，他们能够自己决定自己的生活。可另一方面，他们需要承担大量的责任和压力，养家糊口即是其一，其他如子女教育等等，都必须面对。因此这个年龄段的人，可能幸福感不是很强。这是个普遍现象，各国都差不多。问题在于不丹号称是幸福王国，是不是可以做得更好呢？毕竟这段时间应该是一生中最独立、最重要的一段时光，也是最有能力去做点自己喜欢的事情的时光。或许不是每个人都这样，但却符合大多数人的现状。对中下阶层来说尤为如此。那么能不能够让统计表上的工作时间曲线走得更平一些呢？这不仅需要心理调整，更需要大量社会和经济因素的调整。所以政府通过这个问卷调查就知道问题所在，政府决策者就要据此调整相应的社会和经济政策。

（四）教育

不丹一直以来就很重视教育问题。国民教育素质提高了，才能让国民广泛地参与到各种发展和社会活动当中，进一步推动国家发展，促进幸福政策的落实。国民受了较好的教育就能够有更多的思考。教育是个体发展的基本，受过好的教育的人能够过上相对质量较高的生活。教育是人生的一个重要方面，自然也是个体幸福感的重要方面。所以问卷中有44个问题是关于教育的，占了较大的比重。

问卷中教育问题很多是对国民的受教育程度和知识面的一个测试，看看国民教育的质量如何。这种测量与教育部门平时做的统计不一样。平时教育部门比较在意的是教育资源的投入，比如有多少老师、学生入学率多少、师生比多少等等。这些都只是教育投入，但很少评价这些投入的效果，即产出情况。这里要看看教育有没有促进平等和改善居民的幸福感。因为受的教育越高，收入通常会越高。这里又会造成差距，是否产生了新的不幸福感呢？这是个值得关注的问题。

问卷中比较多地关注居民对国家和家庭历史的了解（如不丹有几个国王）、传统文化的了解、生态常识（物种的识别、国家环保政策等）、公民常识（如投票年龄、政党名称、地区长官姓名）、食物和营养知识、健康知识等多个方面。这些问题主要是考察国家的教育是否有助于国民提高知识水平，还在哪些方面存在不足。接下来的问题就是居民对学校教育的评价了。如居民是否对学校的教学质量满意、是否对学校基础设施满意等等。

第 111 题　你知道以下工艺吗？

	知道	不知道
编织		
刺绣		
绘画		
木工		
雕刻		
雕塑		
铸造		
铁艺		
竹艺		
金艺和银艺		
泥瓦工		
皮革工艺		
造纸		

（五）文化多样性与认受性

不丹的传统文化丰富多彩，丰富的文化生活有助于幸福感的增强。不丹的节日是多才多艺的农民们展示他们的团结、技能和表演天赋的时刻。不丹居民基本都会一些舞蹈、歌曲等艺术形式。在节日里，所有的不丹人都是艺术家、舞蹈家，村庄就是他们的舞台和训练场。他们为节日而进行舞蹈训练，然后不醉不归。他们也是画家，懂得如何混合颜料以及如何从大自然中提取颜料，他们懂得如何编制出美丽的工艺品和生活用品，这些都是他们传统的文化。

正如之前所谈到的，幸福感的一个重要方面是归属感的问题，而其核心就是文化认同。所以这里有 30 个问题是关于文化的。从语言、身份认同、核心价值、价值变迁到传统文化形式等等各个方面，比较全面地了解居民在文化领域的幸福感。这里关心的不光是人们的娱乐生活，更是关心深层面的社会文化，了解居民的精神信仰及其相关的领域，如第128题关心的是居民的整个生活观，而不是简单的娱乐生活。这是比较全面的、深入的考察。再比如第147题中问居民对其他不丹人在过去几年里，在一些方面有没有变化，是变得更慷慨了更有信仰了还是更吝啬了。这个就很有意思。如果有这样的变化，那么政府就要考虑是好的变化还是不好的变化，是什么原因造成的。这种价值信仰的变迁的测量，很能帮助政府改善政策，推出更有效的政策。另外，问卷中也涉及到居民参与社区事务的频度，会唱多少首传统歌曲，经常听什么样的歌曲，是否经常参加传统体育运动。这些也为政府制定相应的文化政策来改善居民文化生活水平提供了依据。

第128题　请列出下面各项在你生命中的重要性

	不太重要									非常重要
	1	2	3	4	5	6	7	8	9	10
家庭生活										
友谊										
慷慨										
精神信仰										
同情心										
自我发展										

（续上表）

	不太重要								非常重要
	1	2	3	4	5	6	7	8	9	10
相互帮助										
责任感										
物质财富										
财产安全										
事业成功										
快乐										

第 147 题　你觉得，过去几年，大多数不丹人开始变得

	更加	和原来一样	更不	不知道
慷慨				
同情心				
关心物质财富				
自私				
诚实				
有信仰				
宽容				

（六）政府管理

其实整套问卷都含有民众对政府管理绩效的看法，因为这个调查一个深层次的原因就是为政府的政策服务的，主要目的就是要考察政府在促进民众幸福感上是否有上佳表现。

不同的是，其他地方的看法都不直接涉及对政府工作的评价。在这一部分，是让国民对政府工作作出直接的评价。这套问卷主要是以国民的主观感受为主，不同于其他客观数据，如GDP、基尼系数、人均国民收入、不均衡指数、透明国际的腐败指数、世界银行的世界发展指标等等。有的时候客观统计数据显示有较大改善，但是居民的主观感受却认为变得更差，这是经常发生的事情。不丹政府以国民幸福为导向，那么政府工作是否让国民满意才是根本，而不是统计数据。正是居民的不满才驱动政府改革。

这套问卷总共有38个问题问到居民对政府管理的评价。涉及的问题有居民的政治参与、中央和地方政府的表现、领导人的表现、法律的公平和正义、选举过程的认知、司法独立、司法公平、司法效率和可获得性、基本权利有否获得、对警察的看法、传媒的自由度和质量、政府透明度和责任感等等多个方面。

在廉政方面，这套问卷用感知型数据来衡量人们的信任程度，不丹研究院的研究人员选取了四个维度的信任：第一个是对大众媒体的信任。当人们认为媒体是被操纵的，只是为工业生产和政治游说者做宣传的工具，人们就不会再信任媒体宣传了。那么就需要用其他方式来获取信息，比如通过研究或依靠第一手资料。第二个是对警察的信任。警察工作在社会第一线，因此要衡量警察在处理民事或刑事案件中能否获得民众的尊重和信任。第三个是对司法系统的信任。第四个是对政府的信任。这些都会被衡量。

在问卷中考察了居民对各级政府官员的信任感。这个调查可以看出地方政府和官员的表现是不是令基层民众满意。另外也对腐败问题做了调查，就居民对政府在一些滥用公权力、滥用公用资金的情况进行了解。这里面主要是主观感受，而且更多的是居民在日常生活中有没有跟朋友谈论政府的一些劣迹。如果比较少，那政府表现就是不错，否则则值得反思。

第 157 题　请对政府在过去一年在以下方面的表现打分

	很好	好	不好	不知道
创造就业机会				
缩减贫富差距				
教育建设				
改善卫生服务				
反腐败				
保护环境				
建设公路				
提供电力				

第 158 题　请对过去一年地方政府的表现打分

	很好	好	不好	不知道
提供教育需求				
改善卫生条件				
提高卫生服务水平				
提供农业设备和种子				
提供清洁饮用水				
批准木材砍伐许可配额				
提供农田道路				

第 169 题　请对法院以下表现打分

	很好	好	不好	不知道
审案快捷				

（续上表）

	很好	好	不好	不知道
公平公正的判决				
司法过程透明				

第173题 你觉得你有以下权利吗？

	是	否	不知道
言论自由			
投票权			
参加政党的权利			
有权组建或者参加社会组织			
能有平等的机会获得公共服务			
同工同酬			
没有受到种族、性别、宗教、语言、政治或者其他歧视			

第178题 你信任以下机构和人员吗？

	信任	有点信任	不信任	不知道
法院				
警察				
中央部门				
宗行政部门				
格窝行政部门				
市政委员				
传媒				
财政部门				
宗长官				
格窝长官				

（续上表）

	信任	有点信任	不信任	不知道
国民议会代表				
格窝副长官				

第 184 题　在你看来，多大程度同意下面现象的存在？

	同意	部分同意	不同意	不知道
腐败活动				
政府钱滥用				
部门职员滥用				
政府部门设备滥用				
政府车辆滥用				
滥发林木砍伐、采矿、采砂等许可证				
在贸易许可上提供便利				
在就业上提供便利				
在培训上提供便利				
在晋升上提供便利				
在转业上提供便利				
物品和服务采购中玩忽职守				
因腐败目的而拖欠工资				
预算分配和执行与正常项目和计划不匹配				
贿选				

（七）社区活力

我们都生活在社区里，社区是我们精神情感的重要寄托，在社区里我们可以找到归属感并获得帮助。社区是一种社会结构。在不丹社会，社区的作用尤为重要。正如不丹研究院的院长卡玛·尤拉所指出：在不丹，最重要的一点不是要发展社区，而是在社区中发展。在这份量表中，一方面关注居民对社区的贡献，另一方面，关注居民能否从社区得到需要的帮助和精神寄托。而这两方面是相互依托、相辅相成的。一个对社区没有贡献的人，却抱怨社区不帮助他。这样的人抱怨不幸福，肯定是有其自身问题。当然如果是社区的排外性导致，那另当别论。一个人应该是乐意奉献才能得到快乐和幸福。一个总是不断索取的人，得到再多也会感到空虚和寂寞。所以这份问卷中有多个问题是关于居民对社区和宗教的奉献程度。在一个社区中，如果每一个居民都乐意对社区作出贡献，那么每一个人也同时是受益者。所以这里是一个问题的两个方面而已。

当然，居民的幸福感也来源于社区的归属感。一个有活力的社区对社区居民感受幸福和快乐是有帮助的，他不会感到无依无助。

对社区活力的衡量涉及以下几个方面：首先是当人们面临危机、事故、死亡或感情问题时，是否能从社区中得到帮助和支持。其次是对社区的信任程度以及在社区中的归属感。这些都需要人们的主观判断。在不丹，这种信任和归属感的指数非常高。然而，在其他地区和国家对幸福感或者其他测量中，很少见到这种社区活力和社区关系的测量。

第 196 题　你有自愿提供过以下帮助吗？

志愿项目	是	否
宗教设施的建设或整修方面志愿劳动		
例行公事劳动		
面向宗教人物的志愿劳动		
房屋建设劳动		
房屋整修劳动		
为村庄中居民有事时帮忙		
村庄成员过世期间的志愿劳动		
稻田播种和收获时期的志愿劳动		
清洁运动		
捐献资金		
文教		
社区劳动		
灌溉管道建设或整修劳动		
其他，请指出		

第 201 题　过去一年中你有捐款或者捐物吗？捐了多少？（第 200 题、第 201 题、第 202 题、第 203 题四个问题主要是关注居民有没有爱心，是否帮助过其他人或者宗教组织等等。这里把这四个问题合成一个，内容是一致的）

	是	否	多少钱和物品（折算成现金）
宗教设施的建设			
宗教仪式			
帮助其他家庭（如别人家里有人过世等）			
帮助个人（非家庭成员）			

（续上表）

	是	否	多少钱和物品（折算成现金）
教育机构			
NGO 组织			
其他			

第 208 题　你觉得这个社区是互帮互助的社区吗？

总是	大多数时间是	很少是	从来都不是	不知道

第 210 题　在过去一个月，你参与社区活动的频率是多少？

一周几次	一个月几次	一个月一次	上个月没有	不知道

（八）生态多样性和认受性

良好的生态环境是不丹的立国之本。没有好的自然环境，不丹就没有赖以生存的自然资源和生产生活的地方。这份问卷中 39 个问题涉及生态问题，涉及的方面比较广泛。既有公民的环境意识，也有公民对政府环境政策的意见，还有环境与生产和生活的关系。这份问卷主要是基于国民对生态环境相关方面问题的主观感受，而不是客观数据的展示。客观数据可以从统计年鉴、国际组织的统计报表中获得。两者关注的重点是不一样的。这里是要看国民对环境的认识，看现有的环境政策是否让国民满意。也收集国民的生活习惯，从他们的生活习惯来检视现有的政策有没有可以改进的地方，如从国民平时做饭用的能源可以看出，现在居民的习惯有没有改变，政府是否在提供新能源上还有不足，是否要出台新的政策促进新能源的普及，从而更好的改善生态环境。

比如第 223 题就是调查国民对于环保相关法律的意见。这一方面可以了解国民对环保的态度和看法，另一方面可以为政府制定相关政策法令提供参考意见。而第 239 题中关心的是居民能源使用习惯和方式，通过这个问题在全国范围内的抽样调查，可以看出全国家庭能源使用结构，从中政府可以发掘是否需要提供更多的清洁能源，如电和液化气等可替代的能源代替传统的木柴使用。第 254 题则是关注居民生活垃圾的处理方式，这样的问题是直接为政府制定相应的垃圾回收和处理规定提供依据。随着不丹经济不断发展，居民生活水平逐步提高，生活垃圾也日渐增多，政府有必要重视生活垃圾的处理。

第 223 题　你是否赞成以下观点？

	同意	不同意	不知道
应该有更加严格的反污染法			
不符合环境保护规定的企业应该关掉			
对于进口环境破坏性物品的个人和单位，政府应该课以重税			
政府应该严格执行禁止使用塑料的规定，现在做得还不是很好			

第 224 题　下面哪些环境问题是你关心的？

	是	否	不知道
河流污染			
空气污染			

（续上表）

	是	否	不知道
缺乏合理的污水处理措施			
野生物种的减少			
山崩			
土地流失			
洪灾			
气候不稳定			

第 226 题　在过去 5 年中，你有没有因为发展而失去土地呢？

有	没有	不适用

第 239 题　你用什么做饭？

	是	否
木柴		
电		
液化石油气		
煤油		
太阳能		
其他能源，请列出		

第 240 题　你有没有觉得气候变暖是个严重问题？

非常严重	有一点严重	不太严重	一点也不严重	不知道

第 254 题　你是如何处理生活垃圾的？

堆肥和焚烧	城区垃圾收集	倒入河流	倒入丛林	倒在空地上	其他，请列出

（九）生活水平

幸福除了精神和情感上的，还有物质上的。这份问卷最后用 30 个问题来调查居民的生活水平。问卷主要从家庭收入、债务、住房和实物收入等多个方面来了解国民的生活质量。问卷中一些问题可能在一些人看来很奇怪，实际上这份问卷是为不丹专门设计的，是根据不丹特定的国情准备的，在不丹特有的生活习惯和当下不高的生活水平下，这套问卷的设计质量是比较高的。举一个简单的例子，在第 267 题和第 268 题中，题目分别假设如果家庭成员当天突然要支付 5000 努和 25000 努，那么访谈者要通过什么方式支付呢？这个问题中引入了通过存款、从亲戚那里借、从朋友那里借、从银行借、从其他私人借贷者手上借、卖资产等选项供选择。初看好像是看居民的流动资金的情况，实际上，这个问卷不光考察了居民的家庭存款情况，而且还考察了居民的社会关系网。居民能否从亲朋好友中得到及时帮助是居民幸福感的一个重要方面。人不论贫富总会有困难的时候需要其他人的帮助，这时候能够得到雪中送炭的温暖是非常幸福和温暖的。所以物质财富不一定要很多，但是有人乐意帮你才是重要的。这个题目的设计就是比较巧妙地把幸福的两个方面都考察到了。当然你能得到别人的帮助，也说明你平时也是乐于助人的，否则谁会来帮你呢？这也在一定程度上反映了不丹人的幸福观。正如不丹研究院的院长卡玛・尤拉所指出，在不丹，居民能否为社区做贡献是他个人能力的一个重要方面。如果居民不去帮助他人，不去协助社区的发展，那么这样的人就很难被社区成员所认可。因为在佛教徒看来，一个人不能对他人布施才是一种真正的贫困。另外，这个问题实际上也间接地考察了政府的金融体系，在为居民提供资金借贷上的便利情况。当居民急用时，金融机构能否提供及时的借贷是考察金融机构服务绩效的一个非常重要的指标。在随后的第 272 题和第 273 题中，也反映了政府金融政策是否能够为居民及时提供贷款业务，解决居民的生活需求。通过对这一系列问题的解读，可以帮助分析政府当前金融政策存在的问题和不足。

除了收入外，问卷中专门有一块是考察居民的居住条件。首先关心的是居民有没有自有房屋，然后是房屋建筑的材料。这样的问题在别的国家可能不是个问题，但在不丹这样的后发展国家，却是个问题。茅草屋是房子，木头做的房子是房子，混凝土做的房子也是房子。所以单纯地问有没有房子是不够的。这份问卷考虑到不丹的实际情况，专门单独设了两个题目，考察居民房屋的屋顶和墙的建筑材料，看是混凝土、砖头、石头，还是泥巴、木头、稻草、竹子做的。很明显，不同的材料做的房子，结实程度不一样，质量也不一样，代表的生活水平也不一样，这种比较详细的考察就能比较准确地反映现状，而一般的国际性调查问卷就难以反映出这一国情和地域差别。

问卷还考察了居民的家庭拥有的牲口情况和设备情况，如第 289 题就涉及到居民拥有什么设备。这个问题对于农村居民是非常重要的，农业发展的状况、农业现代化程度、家庭规模经营的情况都能通过这个问题有个初步了解。

第 272 题　当前你的债务状况

	数额
房贷	
汽车贷款	
购地贷款	
农业贷款	
商业贷款	
教育贷款	
个人贷款	
其他贷款	
总额	

第 273 题　你从哪里借的钱？

	是	否
家人		
朋友		
银行或者金融机构		
其他		

第 289 题　你有以下什么设备？

	是	否
拖拉机		
耕耘机		
电动脱粒机		
桨式搅拌机		
碾米设备		
榨油机		
收割机		
四轮车		
两轮车		

不丹研究院院长卡玛·尤拉在解释问卷设计时，就说他们一直在努力试图找到能产生幸福感的最重要的因素。不丹居民大多都笃信佛教，佛教教义在不丹生活中起着重要作用。佛教里有一项重要信条：一切事物都是相互依存而产生。幸福的产生也是多种因素相互依存的结果。在这份问卷中就贯彻了这一理念。这也是合理的。毕竟幸福感离不开国民所处的文化，什么样的文化自然会形成什么样的幸福观。那么在做幸福感的问卷调查时，自然需要把这些文化理念和习惯融入到问卷中，这样调查出来的结果才是合理的、有说服力的。

正是基于佛教教义中所有因素都是相互依存的理念，在考察幸福时，不丹注重从多个角度、多方面了解居民的幸福感。幸福是多维度的，人的需求也是多方面的，所以人的发展过程需要许多生存条件，包括社会、心理、经济以及文化等各个方面，而不是以牺牲其中的一个条件为代价换取另一个，并且只有当这些因素交互在一起时，大家才能感受到真正的幸福。

三、问卷宗旨：让国民更幸福

不丹的 GNH 调查问卷在获得数据后，实际上是分析各个被访谈对象是否在 9 个领域都获得足够的资源和满足感。在 GNH 考察中，有一个类似于贫困线的考核。线上的就是比较满足，获得了充足的资源和需求；线下的就是没有获得充分的满足感。如果居民在 9 个领域都在线上，即获得了充分的满足感，就是幸福的；反之则是不幸福的。当然这个线的设定是价值判断的结果，应该拿出来供公众讨论。这个线的设定很有必要，其意义就像贫困线的设定。

不丹研究院和不丹 GNH 委员会都会拿抽样调查的结果做统计学的分析，包括回归分析、交叉分析等，他们由此可以得出哪个地区、哪个年龄段、哪个性别组的满足感和幸福感强，有什么相关原因，从而找出可以应用到下一轮政策当中的有用数据。通常是不丹研究院做分析，然后把分析结果报告给 GNH 委员会，由委员会根据研究结果决定资源分配和政策调整。后者是由不丹首相和部长们组成的委员会，他们作为决策者需要政策建议和利弊分析。这个调查和分析的一个好处是缩小了决策者和居民之间的认知差距。以往的政策制定中，决策者往往是从整体考虑，政府认为什么重要和居民认为什么重要之间是存在差距的。这种差距就影响了政策效果，有可能吃力不讨好，甚至好心办坏事。通过 GNH 的问卷访谈来了解居民的实际需求，从而让决策者能够对症下药，有针对性地解决居民的实际需求，达到事半功倍的效果。

不丹研究院在 2005 年作了一次预调研，样本数为 350 个，其中 80％是农村地区居民，50％是妇女。随后在 2007～2008 年度，不丹研究院在政府支持下开展了第一次全国范围内的正式调查，样本数为 950 个，代表了整个不丹国的各个地区、不同年龄段、不同性别、不同婚姻状况、不同就业状况的居民。通过分析计算得出不丹的 GNH 值为 0.81，幸福感是比较高的。从调查中，他们发现了一些现象，如妇女的心理幸福感普遍相对比较低，工作时间也比较长，而城区居民收入比较高，教育水平也比较高，但社区活力不够。卡玛·尤拉他们根据问卷调查结果，把不丹国内不同地区的情绪状况做了个比较。统计数据显示，首都廷布的居民的负面情绪比较高。廷布是首都，通常情况下，文明程度最高，生活水平最高，居民素质也最高，按道理这里的居民应该是最幸福的。但数据显示，实际情况并非如此。首都廷布的负面情绪指数非常高。针对这些在调查中发现的问题，政府就应该进一步研究是什么原因造成的这样的反差，政府的政策是不是需要调整，要考虑到不同地区的不同需求。

另一个例子是，不丹 GNH 委员会的秘书长在接受访谈时谈到，不丹随着年轻人从农村搬到城镇生活，一个问题出现了，谁来照顾村庄的这些老人呢？在西方社会，老人自然是被送到养老院去。但在不丹，很多老人决定去追寻冥想和其他的精神道路，以此来准备迎接死亡。不丹人是不怕死的，死不过是新的轮回的开始。政府为这些老人在寺庙建了一些宿舍和医疗设施，同时提供食物和其他服务，这样这些老人能够在最后阶段按照不丹传统的方式走完最后的路。这种临终关怀也是 GNH 的一种体现。

另外，随着近年的开放与经济快速发展，不丹也出现了一些没想到的问题。比如，政府投入大量人力物力普及教育，这一政策降低了文盲，提高了国民素质，也增加了大学生数量。但新的问题却出现了。高学历的年轻人缺乏能够发挥的机会，他们在上学之后原本是希望找到好的工作，但不丹却不能提供机会给他们。年轻人失业率升高。这个问题让不丹政府出乎意料，措手不及。政府在下一阶段的工作中就要想办法创造就业机会。

第八章

GNH全球价值

不丹政府在构建GNH时承受着一定的压力，但不丹政府没有承诺GNH成为每一个人获得幸福的方式或者方法，幸福的获得终究还是要靠个人的，毕竟政府能做的就是提供机会、创造条件。国民还是要自己主动地去争取，幸福不是等来的。

当我们谈起幸福时，与政府告诉人们要幸福或者告诉人们如何幸福无关。这并不是将幸福强加给他们，或者给他们洗脑，而只是鼓励人们对幸福的追求。

——不丹政府首位民选首相吉莫·廷礼

有人说不丹不过是个小国，国民幸福感高是因为比较闭塞，国民要求比较低。固然不丹与外界的交流不多是一个方面的原因，但闭塞的国家不只有不丹。何以只有不丹有如此成就呢？有人说不丹人信教，尤其是信奉佛教，所以不丹国民容易满足。同样信仰佛教的国家多的是，而且佛教也非不丹自生的，是外来的。何以唯有不丹国民感到更幸福呢？相信通过前面几章的介绍，大家对于不丹的国民幸福总值（GNH）有了基本的了解，对不丹能够有今天的成就也有了一定的认识。不丹国民能够有如此高的幸福感，不是单一因素的结果，是多因素形成的。在不丹四世国王辛格提出的国民幸福总值发展纲领的带动下，不丹政府采取的一系列发展措施在这当中起了主要作用。

一、GNH：从概念到支柱政策到指标体系

不丹四世国王辛格在20世纪70年代初期提出国民幸福总值这个概念时，是为了区别于国内生产总值（GDP）这一

传统的经济发展理念，并把此作为国家发展的指导思想。他希望政府在政策制定和执行时，能够更多地以改善整个国家的国民幸福感为出发点，而不是单纯以经济发展为目标。当时还没有量化的指标，也没有具体的方向，只是在做发展规划时，尽可能促进国家的均衡发展，注意保护生态环境。对不能促进国民幸福，反倒会影响国民生活环境的就要制止。

随着GNH理念在现实政策制定和执行中，不丹领导人逐渐意识到不丹应该有自己的具体的发展理念。而且他们也逐渐意识到不丹发展的优势领域和重点领域，哪些是不丹的核心，哪些应该重点保护，哪些政策会促进国民幸福，哪些会降低国民幸福感等等。通过几十年的摸索，不丹提出了国民幸福总值的四大支柱——可持续、均衡的社会经济发展、环境保护、文化保护与促进、政府善治，这些领域是相互依存的、相互促进的。发展是必需的，这一点没有人否认，没有发展就解决不了基本的生存问题，人民吃不饱喝不足，何谈幸福？但是经济发展也不是唯一的目的，因为吃饱喝足不是唯一的目的。人还有其他的需求，马斯洛提出人的需求层次论，说人有基本生理需求、安全需求、社交需求、尊重需求和自我实现需求，他的需求层次论提出后一直被质疑需求的层次性是否合理，但是人类有这几种不同需求的观点倒是没有人反驳，也就是说大家都赞同人的需求是多方面的，除了基本的物质需求外，人还有其他的需求。人的幸福感应该是在这几个方面都感到了满足。另外，发展的方式也不是只此华山一条道，而是有不同选择的。传统的以GDP为导向的发展，单纯强调的是经济增长，忽略了其他方面。而健康的发展方式应该是可持续的，是有前提条件的。对不丹而言，发展的前提条件就是不破坏环境、不影响传统文化的保存。不丹的发展要首先保证这两点才可能有好的结果。一方面，因为不丹地处喜马拉雅山腹地，这种高海拔地区的生态环境比较脆弱。任何气候变化，在这里都有明显的影响。好的环境是不丹的立国之本。另外，不丹小国一直以来都担心被别的国家吞并或者受其他国家影响，而且一个不能保存自己文化特征的民族和国家又如何称之为一个民族和国家呢，没有自己文化特征的民族和国家也就失去了自己的标志，自然也就没有归宿感。不丹在外在压力下必须要保持自己的民族和文化特征，这是不丹作为一个国家存在的基本。有了正确的发展方向和理念，还得有人来落实，所以政府善治是实现保护环境、保存传统文化、促进经济社会发展这些目标的必要方式。当然如果没有前面好的理念和导向，也不会有好的治理。所以说不丹的这一套理念是一个整体，是基于不丹特殊的国情提出来的，可以说是因地制宜。

从 GNH 这个区别于 GDP 的概念逐渐发展出四大支柱领域，是个巨大的进步，但是这些概念和理念以及支柱领域都是国家领导人想出来的，是领导人的意志起决定作用，缺少国民意愿的反应。21 世纪以来，不丹建立了一套指标体系，通过定量化的方法来测量国民的幸福感和国民幸福总值。这套指标体系是不丹研究人员根据不丹的实际国情，同时融合国际上通行的问卷调查方法以及当前最新的幸福感的研究设计而成的。这套体系有三方面的价值。一方面，这个指标体系的建立使得 GNH 这一理念由当初的概念转变成更加具体、有据可依的政策发展体系，从而更加科学合理地制定政策。另一方面，随着与外界交往的加深，不丹意识到不能闭关锁国，自己的成就也应该被世界所认识，正如佛语，要普度众生，不丹的 GNH 也应该向外界宣传，让大家都过上幸福生活。让这一理念更好地被外界所认识的方式就是世人通用的语言和方式，这一定量化的指标体系就是为了让不丹的这套理念跟世界接轨。毕竟单纯地讲不丹的幸福哲学是很难让今天的世人所理解的。第三个方面，也是最重要的一面，这标志着不丹的国家发展政策逐渐从依靠领导人的个人意志向国民自己决定自己的幸福而转变，也就是国民的满意度和意愿决定着国家发展方向，而不是领导人的意愿。不丹是不丹人民的，不丹人民的幸福才是不丹的最高利益，人民才能够真正决定不丹未来的发展走向。这也正是不丹四世国王辛格所想的，他担心不是所有的国王都会像他一样勤政爱民。为了避免出现暴君和独裁者的情况，不丹通过建立良好的民主制度来保证人民长期地享受幸福生活，而不是依赖少数个人的善心。

二、GNH 全球价值

辛格提出的 GNH 概念是对现代社会的发展方式的反思。不丹政府提出的 GNH 发展理念最主要的特征不是他们仅仅满足于较低的经济生活水平，而是他们把人民的心理幸福、传统文化的保持和环境保护等因素纳入政府施政的核心目标。这一举措内在地包含了对发展主义的反思和批判，认为只有经济增长的发展方式是不值得追求的，发展的目的必须是人民的幸福。不丹的发展经验的最大贡献就是：在现时代如何理解幸福、政府应该做什么。

21 世纪报系总编辑沈颢亲赴不丹，邀请不丹研究院院长卡玛·尤拉访问中国。卡玛·尤拉于 2009 年 12 月 9 日在北京大学作了题为“幸福的标杆：GNH 概念及不丹实践”的主题演讲。他为我们展示了不丹人是如何理解幸福的。

在卡玛·尤拉看来，幸福是多层次的。第一个层次的幸福是社会大众的普遍幸福，这涉及到社会财富分配和社会福利均等化的问题。不丹政府在均衡发展和资源分配上考虑得比较周到，做得也比较好。不丹政府把水电出口的收入，用来投资在免费教育和免费医疗的普及上。任何不丹国民只要申请都可以获得一块土地。不丹政府规定农民不能把自己名下的所有土地都卖掉，他必须要保留部分土地以维持自己的基本生存。这也是为了防止土地卖掉后又致贫的问题。不丹比较注重资源的均衡分配，竭力为国民提供免费的公共服务。这一点值得很多发展中国家学习。

卡玛讲到的另外一点，是如何理解每一个独立个体的人生幸福。他在北大的演讲中谈到国民幸福指标当中非常重要的一点，就是“有一个幸福的老年生活，同时能够体面地告别这个世界”。他认为，“有尊严地死去”指的是，首先死亡不应该让人感到非常痛苦，想不想死和怕不怕死是一回事，但是不是让人觉得这整个过程非常难受和伤心是另一回事。幸福地离开应该是尽量地减少负面情绪。这一点说到了现代人的痛处。现代社会的一个最大问题就是怕死。正是因为怕死，所以就尽情地享受。想尝遍所有山珍海味，想玩遍所有地方，也就是要追求所谓利益最大化。在这样的社会，讲的不是奉献而是索取。然而在不丹的传统文化中一直讲的是奉献。实际上，在佛教教义中一直所倡导的是施舍和奉献。人的幸福和快乐来源于对社会和他人的帮助和奉献，而不是贪婪的无度索取。在佛教中讲的是因果轮回，所以活在现世，应该乐善好施、奉献社会，这样下一辈子就会投个好胎。在这种理念下，人是不应该怕死的，因为离开人世是为了更好地回来。

与此相关的是人生在世应该追求什么的问题，不丹的现实是对当下世界以城市生活，以金钱、物质为生活目标的生活方式和发展方式的批判。因为在佛教里面，既然还有来生，自然不需要那么多的物质财富，精神追求才更重要。这对于资本主义商业社会无疑是一剂猛药。GNH的发展理念既在宏观层面上观照国家社会乃至全球的发展，又在微观层面也就是个体上关心个体生活的幸福与否。这两个方面不是割裂的，而是相互融合的，没有国家和社会的好环境，很难有个体的幸福感可言。同样，如果个体都沉浸在个人利益的最大化和无度的物质追求之中，那么这个社会不可能是和谐、幸福的。在这两个层面，政府都起到很重要的作用。一个政府有什么样的发展理念和思路，自然决定了国家的发展方向和国民的追求目标、生活方式。当然，包括好的执政理念，可以改造和促进社会和国民都向着好的方向，即幸福的方向前进。

不丹的GNH对其他国家的发展来说意义重大，世界上已经掀起了几轮的不丹热，而且还在不断持续。在加拿大、泰国有定期的关于不丹国民幸福总值的国际研讨会，在国际上已经有一群学者和社会工作者专门关注不丹的发展理念。2008年的国际金融危机让世界各地的学者和政府官员意识到美国的发展模式的问题，同年11月，几十位西方国家的经济学家和政府官员蜂拥至喜马拉雅山麓腹地的小国——不丹，去寻求幸福的“另类”途径。法国总统让诺贝尔经济学家斯蒂格利茨和阿马蒂亚·森，研究有没有更好的指标体系来测量社会发展。经济合作与发展组织也提出了一个庞大的全球项目，试图为世界经济、社会和环境发展找到一套指标体系来指导当下的发展，帮助各国政府如何提出更加能够促进国民幸福的政策。英国、泰国、加拿大等国家的政府和大学也都加入到幸福指标的研究和构建当中，试图为各国的政策发展提供有益的政策建议和指导。

三、中国能从 GNH 学什么？

中国作为不丹的近邻，世界上最大的发展中国家，GDP 总量已经坐上全球第二把交椅，全球影响力也是与日俱增。中国有比不丹更为悠久的历史，地域更广阔，生态适应力更强，人力资源更充裕，自然资源更丰富，然而中国却被不少问题所困扰。不丹虽然经济发展水平和国民生活水平比不上中国，但国民幸福，环境优美，传统文化保护良好。在当前世界各国大谈环保时，在多哈、在哥本哈根各国还在为碳排放量各执一词时，不丹可以置身局外，因为不丹根本没有碳排放超量的问题。不丹 72%的森林覆盖率居亚洲第一，不丹是环保当之无愧的领头羊。不丹是第一个立法禁烟的国家。不丹国民都穿传统服装，不管是大人还是小孩都是漂亮的传统服装。诵经拜佛也是家常便饭。不丹作为一个穷国，已经为国民提供免费的教育和医疗保障。不丹的所有教育都是免费的，包括大学。而我们将大学当作产业，并导致贫困的优秀学子因上学贵而上学难。不丹在 20 世纪 60 年代，就开始致力于为国民提供免费的医疗保障，但我们今天看病贵、看病难问题似乎愈演愈烈。中国尽管经济实力越来越强大，然而在以上提到的许多方面，我们不得不承认没有不丹做得好。其原因个人以为关键是发展导向的问题：是以 GDP 为目标而赶英超美还是以全体国民的幸福为宗旨。实际上，我国也曾经有过一段时间可以称道，尽管这段时间也造成了不少悲剧，被认为是灾难，但是正如澳大利亚阿德莱德大学孔子学院院长高默波教授所说："文革"十年是中国医疗和教育的黄金十年。在他看来，那段时间，农村有赤脚医生，学生上学免费，没有今天的看病难、上学难的问题，而且今天农村很多水利设施都还是那个年代修建的，什么红旗渠等至今仍在很多地方发挥着主要作用。这也在一定程度上说明为何不少老百姓至今仍怀恋那个时代。

可以说，不丹以GNH为发展导向的成就告诉我们，要懂得取舍和平衡，并且要实干。不丹的自然资源丰富。如果采用美国那样的粗放式的发展套路，不丹的GDP增长速度也许更快，国民生活水平也许会更高，但贫富差距也可能会更大，环境可能严重恶化，生活方式变得西化，国民不一定幸福。更严重的是，不丹的国家安全也会受到威胁。失去了大自然的庇护，不丹也就不成其为不丹了。一个政府重要的是要知道老百姓需要什么，愿意并且有动力和压力地去满足人民的需求。不丹以国民幸福为发展导向，这是真正的以人民的幸福为中心。这样的发展才是真正有意义的、可持续的。

公平和公正是任何社会都必须严肃对待的问题。政府是不是以大众福祉为第一要务，是不是公平、公正地对待每一个人的诉求，大家心里都是有数的。让一部人先富起来，在特定的时期会调动部分人的积极性，推动经济发展，但是这是以牺牲社会公平正义为代价的。不丹不单纯讲究经济增长速度，他们要求发展应该是均衡的，应该让国民都能享受到发展的红利，而不是少数贵族和官员阶层所独享。中国古代的大圣人早就说过不患寡，而患不均。如果贫富差距拉大，这个社会就会被撕裂，社会不满也会蔓延。深受佛教众生平等理念影响的不丹对于这一点比较注意。吃得差一点，住得差一点，不是问题。但不能让大家心生不满，不能让大家输在起跑线上。公平、正义是一个健康社会的基本准则。

所以不丹在一开始就提出并投入大量资金落实免费教育和免费医疗。这对于一个刚刚开始发展的国家而言，是需要很大的勇气和决心的。大多数国家的做法是先发展经济，等财政有钱了再来提供公共服务。一个国家能否提供高质量的公共服务固然跟这个国家的财力相关，但一个政府愿不愿意并且提不提供基本的公共服务，是一个政府的发展理念的问题。在没钱时，可以提供基本的、低标准的服务，但不能以没有钱为由而逃避责任，把本应由政府提供的服务责任推向市场，让老百姓自己承担。正如著名社会保障专家郑功成教授在谈到社会保障法的制定时所提到的，现在做不到，不要紧，但法律可以先定下来，如果现在以做不到为理由而不定好方向，以后就会乱套了，到时付出的代价会更大。

而且这种投资从长期而言，是对整个社会的发展有良好推动作用的。当年不丹这样做的效果已经得到了回报。基本医疗保障降低了出生死亡率增加了国民人均寿命。国民人均寿命大幅增长，不丹的人均寿命从40年前的三四十岁增加到现在的60多岁时，无形中不丹的劳动力就增加了，而且都是正当年的强劳动力。随着教育的普及，国民受教育程度不断提高，这也直接提高了不丹的劳动力的素质。这笔经济账绝对划算。磨刀不误砍柴工。

大众参与的民主是幸福的一个重要保障。不丹在各级政府设立的发展委员会，是让国民参政的重要场所。这种方式让居民都参与到自己社区的发展规划设计当中。老百姓对地区政策有参与和决策权。当地居民在发展委员会中起主导作用，而不是地方政府的官员充斥于发展委员会。在不丹的地方发展委员会中，地方政府除了地方第一领导人是委员会的主席外，其他地方官员都只能旁听会议，不具备表决权。这避免了地方发展委员会变成地方政府的又一工作会议场合，真正让当地居民决定自己社区的发展蓝图。

全国的发展规划是各地区发展规划的综合和再完善。每当做规划的时候，国王亲自去各地区参加各地发展计划的讨论，而且一个地区通常要经过上下互动来作出最后决定。首先是地区自己决定，然而上报中央政府，国王带领国家规划官员到各地区参与当地的规划的讨论和制定，再汇总提出整体性方案报国民议会讨论通过。这种上下互动、上下结合的方式充分调动了国民和各级政府的能动性，让国家和地区发展规划整合成一体。既不是各自为政，也不是中央政府闭门造车，而是中央政府、地方各级政府和当地居民都参与，充分反映各方意见。

这种让居民参与到地区发展决策的民主方式，有利于居民产生满足感和成就感。自己决定自己社区的发展，自然也就是自己决定自己的幸福。幸福不是由别人来帮你决定，而是自我决定、自我感知，这才是真正的幸福。如果连基本的参与权、决策权都没有，幸福是不完整的。

加强社区建设，让大家都能找到归属感。在农村，大家都有乡里乡亲的关照。虽然生活条件差一点，但比较有安全感，氛围比较轻松。随着城市化的进一步推进，大家都被分割在各个楼层。不要说同一小区，就是同一楼道的邻里都互不认识，相互之间缺乏认同感和归属感。这不利于幸福感的产生。社区组织要更多地调动社区居民参与社区生活，让大家增进了解和认识，参与社区事务的决策，增强社区归属感和认同感。

近来，中国热议建立自己的幸福感的测量指标体系，这是好事。清华大学教授胡鞍钢认为，中国应该尝试根据自己的国情、历史、文化等方面的情况，建构自己的国民幸福指数。变量的选择不要求多求全，重点是要能反映主观和客观两个方面的情况。

从不丹的GNH指标和问卷设计中，可以感受到不丹研究院的研究人员确实相当用心。他们根据不丹自己的特殊国情和文化来设计。他们自己对幸福的理解，基于不丹的文化习惯和生活习惯。所以，假如中国要设计自己的国民幸福指数体系和调查问卷，理应考虑中国的实际国情。切不可简单照搬他国已有的成果，要充分注意本土化。

问卷抽样调查的方法有其优点，可以反映国民的主观感受和愿望，让政府直接了解国民的心声，通过科学的抽样调查能够科学地反映现实情况。但由政府主导的问卷调查容易让被访谈者尽量说好话，而减少对政府的批评，这就产生了与调查目的相背离的结果，所以这一点应该引起注意。比较好的选择是通过非政府的第三方机构来承接调查任务，提供分析结果给政府作为政策依据。

国民幸福固然需要个体的追求和奋斗，但是政府应该为每一个公民提供公平的舞台，让大家都有一个相同的起跑点。都能接受良好的教育，都不必去担心生病，都不必担心养老，都没有后顾之忧，大家都能安心地去做自己想做的事情。大家都相互协助，形成友善和谐的社会氛围，幸福自会降临。

参考文献 [①]

（一）英文文献

1. Anti-Corruption Commission of Royal Government of Bhutan（2007）. *Annual Bulletin*, Thimphu: Royal Government of Bhutan

2. Bhutan Board of Examinations of Ministry of Education（2004）. *National Education Assessment in Bhutan: A Benchmark Study of Student Achievement in Literacy and Numeracy at Class VI 2003（Technical Report）*, Thimphu: Royal Government of Bhutan

3. Braun, Alejandro Adler（2009）. *Gross National Happiness in Bhutan: A Living Example of an Alternative Approach to Progress*. Wharton International Research Experience, September 24

4. Commission on the Measurement of Economic Performance and Social Progress（2009）. *Report by the Commission on the Measurement of Economic Performance and*

① 关于不丹的游记、新闻报道、学术文章等不在少数，这些材料帮助作者认识和了解了不丹，由于出处较多，本书篇幅有限，此处未能一一列出，在此一并致谢。

Social Progress, 23 Sept, accessed at the web http://www.stiglitz-sen-fitoussi. fr/documents/rapport _anglais. pdf

5. Ministry of Education of Royal Government of Bhutan (1999). *Education Sector Strategy: Realizing Vision 2020—Policy and Strategy*, Thimphu: Royal Government of Bhutan

6. Evans, Steven (2006). Preserving the Consciousnessof a Nation: Promoting "Gross National Happiness" in Bhutan through her Rich Oral Traditions, Journal of Bhutan Studies, Vol. 15, Winter

7. Gross National Happiness Committee of Royal Government of Bhutan (2009). *Tenth Five Year Plan (2008—2013)*, Thimphu: Royal Government of Bhutan

8. Gupta, Bhabani Sen (1999). *Bhutan: Towards a Grass-root Participatory Polity*, New Delhi: Konark Publishers PVT

9. Ministry of Finance of Royal Government of Bhutan (2010). *National Budget: Financial Year 2010—11*, Thimphu: Royal Government of Bhutan

10. National Environment Commissionof Royal Government of Bhutan (1998). *The Middle Path: National Environment Strategy for Bhutan*, Thailand: Keen Publishing

11. National Statistics Bureau of Royal Government of Bhutan (2010). *Statistical Yearbook of Bhutan 2010*, Thimphu: Royal Government of Bhutan

12. Phubdorji, Bachu, and Schreven, Anne-Marie (2005). *Gross National Happiness and Good Governance: Civil Service Reform towards Achieving Gross National Happiness*, available at http://www.gnh-movement.org/papers/schreven.pdf

13. Phuntsho, Rapten (2007). *Good Governance and Gross National Happiness*, available at http://www.grossnationalhappiness.com/... /goodgovernance/good_governance_final. pdf

14. Planning Commissionof Royal Government of Bhutan (2007). *Bhutan Millennium Development Goals: Needs Assessment and Costing Report (2006 — 2015)*, Thimphu: Royal Government of Bhutan

15. Planning Commission of Royal Government of Bhutan (1999). *Bhutan 2020: A Vision for Peace, Prosperity and Happiness*, Thimphu: Royal Government of Bhutan

16. Policy and Planning Divisionof Ministry of Educationof Bhutan (2004). *23rd Education Policy Guidelines & Instructions*, Thimphu: Royal Government of Bhutan

17. Policy and Planning Divisionof Ministry of Educationof Royal Government of Bhutan (2010). *Annual Education Statistics: 2010*, Thimphu: Royal Government of Bhutan

18. Ramakant, and R. C. Misra (eds.) (1996). *Bhutan: Society and Polity*, New Delhi: Indus Publishing Company

19. Royal Government of Bhutan (2008). *The Constitution of the Kingdom of Bhutan*, Thimphu: Royal Government of Bhutan

20. The Center for Bhutan Studies (2007). Gross National Happiness Questionnaire, himphu: Royal Government of Bhutan

21. The Ministry of Agriculture and Forests of Royal Government of Bhutan (2011). *The Sanamdrupdrey*, Annual Magazine on Farming in Bhutan, Thimphu: Royal Government of Bhutan

22. Ura, Karma (2008). Explanation of GNH Index, The Center for Bhutan Studies, Thimphu, Bhutan

23. Ura, Karma (2008). Method for GNH Index Construction, The Center for Bhutan Studies, Thimphu, Bhutan

(二) 中文文献

1. 迪皮卡·切特里：《国民幸福指数下的不丹》，中外对话网，2011年2月25日。

2. 冯仑：《冯仑在不丹找幸福》，《中国民营科技与经济》，2009年第12期。

3. 胡鞍钢：《构建中国国民幸福指数》，和讯网，2011年2月25日。

4. 卡玛·尤拉：《国民幸福指数的九大评估领域》，《21世纪经济报道》，2010年10月28日。

5. 林正峰：《不丹，最快乐的穷国》，《商业周刊》

2007年第1000期。

6. 林正峰：《快乐国：不丹》，《商业周刊》，2007年第1000期。

7. 吴洪森：《不丹模式与幸福总值》，《中国经济观察报》，2005年12月18日。

8. 吴铭：《GNH：现代性道路的多种可能性》，《21世纪经济报道》，2009年12月7日。

9. 叶孝忠、林正峰：《不丹的快乐力学》，《商务旅行》，2009年第3期。

10. 章建华：《“小国寡民”不丹，“幸福”的国民只关注幸福》，《新华每日电讯》8版，2007年9月23日。

11. 张涴仪：《净土不丹》，台北：日月文化出版股份有限公司，2006年。

12. 朱在明、唐明超、宋旭如：《不丹》，北京：社会科学文献出版社，2004年。

GNH调查问卷①

（2007年11月）

访谈人#			

访谈人		（输入代码）
访谈时间		年　月　日
宗		（输入代码）
格窝		（输入代码）
敕窝		（输入代码）
村		（输入代码）
调查地点		（输入代码）

一、你和你的家庭

1. 你的性别是？

（1）男　（2）女

2. 你的年龄是？

________（请填写你的年龄）

---

① 此问卷英文版来源于不丹王国政府的不丹研究院网站，感谢不丹研究院的慷慨，允许免费使用。感谢华东师范大学政治学系的部分学生翻译了本问卷。

3. 你现在的婚姻状况是？

（1）未婚　（2）已婚　（3）离婚　（5）分居

（6）丧偶

4. 你的最高学历是？

（1）专科　（2）本科　（3）硕士　（4）博士

（5）非大学生　（6）不适用

若选择（5），请写出（　　）年级[①]

5. 你是否接受过非正规教育？

（　　）年

6. 你接受过僧院教育？

（　　）年

7. 你可以读写下列哪种语言？

（1）不丹语　（2）尼泊尔语　（3）英语　（4）无

（5）其他

8. 你的宗教信仰是？

（1）佛教　（2）印度教　（3）其他　（4）无

若为其他，请列举________

9. 你目前的职业状况是？（请在下面圈出合适的数字）

（1）待业　（2）农民　（3）商人　（4）学生

（5）工人　（6）公务员　（7）宗或者格窝发展委员会成员　（8）国家安全人员　（9）僧侣　（10）神职人员　（11）司机　（12）企业雇员　（13）非政府组织员工　（14）国家工作人员　（15）其他

10. 你现在家里有哪些成员？

---

① 不丹的小学和中学教育是从一年级一直到十三年级的，选填年级就代表受教育的程度。

<table>
<tr><th></th><th>与你的关系</th><th>性别
（男：1；女：2）</th><th>年龄
（填数字）</th><th>请在与你的关系一栏填写以下合适的代码</th></tr>
<tr><td>1</td><td></td><td></td><td></td><td rowspan="14">1. 妻子、丈夫
2. 儿子、女儿
3. 父亲、母亲
4. 姐妹、兄弟
5. 孙子、外孙
6. 祖父母、外祖父母
7. 侄子、侄女
8. 继子女
9. 堂兄妹
10. 岳父母
11. 其他家庭亲戚
12. 入住家仆
13. 其他非亲属人员</td></tr>
<tr><td>2</td><td></td><td></td><td></td></tr>
<tr><td>3</td><td></td><td></td><td></td></tr>
<tr><td>4</td><td></td><td></td><td></td></tr>
<tr><td>5</td><td></td><td></td><td></td></tr>
<tr><td>6</td><td></td><td></td><td></td></tr>
<tr><td>7</td><td></td><td></td><td></td></tr>
<tr><td>8</td><td></td><td></td><td></td></tr>
<tr><td>9</td><td></td><td></td><td></td></tr>
<tr><td>10</td><td></td><td></td><td></td></tr>
<tr><td>11</td><td></td><td></td><td></td></tr>
<tr><td>12</td><td></td><td></td><td></td></tr>
<tr><td>13</td><td></td><td></td><td></td></tr>
<tr><td>14</td><td></td><td></td><td></td></tr>
</table>

11. 家庭规模

记录下当前家人总数（　　）（包括应答人自己）

二、心理幸福感

（一）满足感

12. 你认为带来幸福满足的生活的最重要的七件事是？

	在下面写下答案	代码
第一件		
第二件		
第三件		
第四件		
第五件		
第六件		
第七件		

13. 如果以 1 到 10 的跨度打分，你觉得你自己是

并不是一个很幸福的人								非常幸福的人
1	2	3	4	5	6	7	8	9	10

14. 你觉得你的生活质量如何？

很窘困	窘困	一般	良好	非常好
1	2	3	4	5

15. 你享受自己的生活吗？

一点也不	一点	相当多	极端享受
1	2	3	4

16. 你对生活的以下方面满意度如何？

	满意	相当满意	不是很满意	不满意	不知道
你的健康状况	1	2	3	4	8①
你的财产和生计保障	1	2	3	4	8
你的日常生活的主要活动（如果你有正式工作的话，可以是你的工作，如：农活，家务活）	1	2	3	4	8
你和家人的关系	1	2	3	4	8

① 问卷中的数字皆为统计分析之用，无实际意义。被访谈人选择后，录入计算机内时只需输入代码即可。

17. 以下哪种支持是你在需要时可以获得的？

	从不	有时	大部分时间或者都有	不知道
生病的时候有人帮助	1	2	3	8
有问题（如作出决策、资金问题、感情问题等）时有人帮助	1	2	3	8

18. 过去的一年里，你的生活可以描述为

很有压力	有些压力	一点没有压力	不知道
1	2	3	8
如果选 3，请直接回答第 20 题			

19. 你主要的压力来源

	压力来源	代码
1		
2		
3		
4		
5		
6		
7		

请回想下过去的四个星期，回答下列问题，选择并圈出四个选项中的一个。

20. 能够集中精力于你正在做的事情

比平常更加集中	跟平常一样	比平常差	比平常差很多	不知道
1	2	3	4	8

21. 由于担忧而睡不好

从不	跟平常一样	比平常多	比平常多很多	不知道
1	2	3	4	8

22. 感觉你在事情中扮演了有用的角色

比平常多	跟平常一样	比平常少	比平常少很多	不知道
1	2	3	4	8

23. 感觉能够对事情做出决定

比平常更好	跟平常一样	比平常差	比平常差很多	不知道
1	2	3	4	8

24. 你经常感觉自己处于压力中

从不	跟平常一样	比平常多	比平常多很多	不知道
1	2	3	4	8

25. 感觉你不能克服你的困难

从不	跟平常一样	比平常多	比平常多很多	不知道
1	2	3	4	8

26. 能够享受你的日常活动

比平常多	跟平常一样	比平常少	比平常少很多	不知道
1	2	3	4	8

27. 能够面对你的问题

比平常多	跟平常一样	比平常少	比平常少很多	不知道
1	2	3	4	8

28. 感觉不开心和沮丧

从不	跟平常一样	比平常多	比平常多很多	不知道
1	2	3	4	8

29. 对自己失去信心

从不	跟平常一样	比平常多	比平常多很多	不知道
1	2	3	4	8

30. 认为自己是个没用的人

从不	跟平常一样	比平常多	比平常多很多	不知道
1	2	3	4	8

31. 综合考虑所有的事情，感觉相当快乐

比平常多	跟平常一样	比平常少	比平常少很多	不知道
1	2	3	4	8

32. 你认为你的精神状态如何

很好	一般	不好
1	2	3

33. 你做祈祷吗？

每天	偶尔	从不
1	2	3

34. 你有进入冥想状态吗？

每天	偶尔	从不
1	2	3

35. 在你的社区生活中，你会到当地的寺庙和其他精神寄托的地方吗？

每天	偶尔	从不
1	2	3

36. 如果你是有子女，你会和你的孩子谈论精神问题吗？

每天	偶尔	从不	还没有子女
1	2	3	9

37. 你承认命运因果在你的日常生活中的作用吗？

经常	有时	从不
1	2	3

（二）情绪体验

38. 在刚过去的几周里，多久你会有以下情绪？

	经常	有时	从不
生气	1	2	3
愧疚	1	2	3
自私	1	2	3
忌妒	1	2	3
自豪	1	2	3
镇定	1	2	3
激情	1	2	3
宽宥	1	2	3
满足	1	2	3
慷慨	1	2	3
失望	1	2	3

（续上表）

	经常	有时	从不
悲伤	1	2	3
挫败感	1	2	3
经常感受到的其他情绪（请具体说明）			

三、身体健康状态

39. 通常你会说你的健康状态

（1）很好　（2）好　（3）一般/差

（一）残疾与活动受限

40. 你现在有长期的残疾、健康问题和心理健康问题吗？（这里的健康状况是指已经持续或者被期望持续六个月及以上的状况）

（1）是　（2）否

如果选择否，请直接跳到第43题。

41. 这种长期的不良健康状况是否限制了你的正常活动量？

（1）总是　（2）偶尔　（3）从不

42. 以上这种状况持续多久了？

（　　）月

（二）健康天数和短期活动受限

现在，我们需要你过去一个月的健康信息。

43. 请你仔细回想你的身体健康状况，包括身体上的疾病和受伤。结合这些情况，给出你在最近30天当中身体不健康的天数。

(　　) 天

44. 紧接着，请考虑你的心理健康状况，具体包括压力、失望和情绪问题。以上这些情况在过去的 30 天当中出现过多少天?

(　　) 天

45. 在过去的 30 天当中，你的糟糕的身体健康状况（生理或心理）使你不能进行正常地自我照顾、工作和休息的天数是多少?

(　　) 天

（三）酒精

现在，我们需要询问关于你的酒精消费的问题。这包括任何类型的酒精饮品，但不包括因宗教目的而饮酒。

46. 在你一生中，你饮用过任何含酒精的饮品吗?

（1）是　（2）否

如果选择否，请直接到第 51 题。

47. 你第一次喝酒时大约多大年龄?

大约（　　）岁

48. 在过去的一年中，你喝过任何含酒精的饮品吗?

（1）是　（2）否

如果选择否，请直接跳到第 51 题。

49. 在过去的一年中，你喝酒的频率如何?

（1）每天　（2）偶尔

50. 在过去的一年中，你是否经常喝醉或神志不清? 即当你说话时口齿已经不清楚，感觉脚底也站不稳，看东西也感觉模糊不清

（1）每天都这样　（2）偶尔　（3）从不这样

（四）吸烟（这里是指香烟）

51. 你的家庭成员中有人经常在室内吸烟吗？

(1) 是　(2) 否

52. 你曾经吸过烟吗？

(1) 是　(2) 否

如果选择否，请直接到第57题。

53. 你从多大的时候开始吸烟？

大约（　）岁

54. 过去的一年当中，你吸过烟吗？

(1) 是　(2) 否

如果选择否，请直接到第57题。

55. 你每天都吸烟还是偶尔吸烟？

(1) 每天　(2) 偶尔

如果选择偶尔，请直接到第57题。

56. 你现在每天吸多少支烟？

大约（　）支

（五）烟草（这里的烟草是除了香烟之外的各种形式的烟草）

57. 你有吸食烟草的历史吗？

(1) 有　(2) 没有

如果你选择没有，请直接到第61题。

58. 你多大的时候开始吸食烟草？

大约（　）岁

59. 在过去的一年当中你有吸食烟草的经历吗？

(1) 有　(2) 没有

如果选择没有，请直接到第61题。

60. 如果有，你是每天还是偶尔吸食烟草呢？

(1) 每天　(2) 偶尔

如果选择偶尔，请跳至第61题。

61. 你曾经吸过都嘛（不丹一种类似于香烟的制品，但不属于禁止之列）吗？

(1) 是　(2) 否

如果选择否，请跳至第 66 题。

62. 你是在几岁时吸都嘛的？

(　　) 岁，如果不知道或没有答案请填 99。

63. 在过去的 12 个月中，你吸过都嘛吗？

(1) 是　(2) 否

如果否，请跳至第 66 题。

64. 你是每天吸还是偶尔吸？

(1) 每天　(2) 偶尔

如果选择偶尔，请跳至第 66 题。

65. 你现在每天会吸多少？

________（填写每天吸的数量）

（六）身体质量指数

适用于 15～49 岁之间的女性。

66. 你怀孕了吗？

(1) 是　(2) 否

如果是，跳至第 69 题；如果否，跳至 70 题。

适用于所有受访者。

67. 你的身高是多少？（不穿鞋子）

________（单位是厘米）

68. 你的体重是多少？（不穿鞋子）

________（单位是千克）

（七）自杀念头

69. 你有没有认真想过自杀？

(1) 是　(2) 否

如果选择否，请跳至第73题。

70. 在过去的一年中，有没有发生这样的情况？

(1) 有　(2) 没有

71. 你是否试图想要自杀？

(1) 是　(2) 否

如果选择否，请跳至第73题。

72. 在过去的一年中，有没有发生这样的情况？

(1) 有　(2) 没有

（八）医疗服务

73. 在过去的一年中，你是否去过医院或基层卫生门诊？

(1) 是　(2) 否

74. 上一次你去医院或基层卫生门诊时，你对下列几项的满意程度如何？

	满意	一般	不满意	不清楚	没意见
医护人员的技能	1	2	3	8	9
医院或者卫生室的整体干净程度	1	2	3	8	9
医护人员的友好度	1	2	3	8	9
疗效	1	2	3	8	9

（九）障碍

75. 上一次你去看医生或保健医师时，下列因素在何种程度上让你觉得很困难？

	很困难	有点困难	不困难	不清楚
离医院或诊所的距离	1	2	3	8
交通问题	1	2	3	8
等待就医的时间	1	2	3	8

76. 到最近的医院要花多长时间？

（　）分钟

77. 如果你生病了，你第一个会联系谁？（填写相应的序号）

1. 喇嘛
2. 苯教
3. 提斯浦
4. 抽普①
5. 家庭医生
6. 基层卫生门诊
7. 医院
8. 保健中心
9. 乡村卫生工作人员
10. 其他________（请注明）

四、时间利用

78. 我们想要了解你昨天是如何支配你的时间的。你能描述出从你早上醒来你进行的各种活动以及它们各自花了多长时间吗？

活动	开始时间	结束时间	活动后的感觉（填入下面的代码）	还有谁和你一起

① 1—4 都是和尚和巫师等，是非医学的方式。

各种情绪和感觉：

1. 焦急等待它的结束
2. 高兴的
3. 失望的/烦恼的
4. 消沉的
5. 可胜任的/有能力的
6. 烦扰的/处于窘境的
7. 热情的/友好的
8. 生气的/带有敌意的
9. 担忧的/焦虑的
10. 自我享受的
11. 可靠的

五、教育情况

（一）历史文化

79. 你知道你祖父母的名字吗？

（1）是　（2）否

80. 你如何评估你对于本地传说和民间故事的认知水平？

（1）很好　（2）一般　（3）很差

81. 从辛格开始，有几任国王曾治理不丹（包含现任国王在内）？

（　）

国王的年号（　　）

如果不知道请转到第99题。

82. 你如何评估你对于国庆节意义的认知？

（1）很好　（2）一般　（3）很差

（二）文化认知

83. 你知道本地的节日每年是何时举行吗？

（1）是　（2）否

84. 你知道庆祝这些节日的目的是什么吗？

（1）是　（2）否

85. 你如何评价你对于全国传统舞蹈表演期间的面具舞

等形式的认知水平？

（1）很好　（2）一般　（3）很差

86. 你可以独立演唱不丹传统歌曲或者说你记得住一些常见的不丹语歌曲的歌词吗？

（1）是　（2）否

87. 你可以背诵传统诗歌吗？

（1）是　（2）否

88. 如果你是传统诗歌的观众，你能明白它的内容吗？

（1）很了解　（2）可以了解一半　（3）很少

（4）一点都不了解

（三）公民认知

89. 你知道不丹公民多大年龄享有投票权吗？

（　）岁

不知道请转到第 99 题。

90. 你知道你所在的选区不同党派竞选人的名字吗？

（1）是　（2）否

91. 你知道不同政党的名字吗？

（1）是　（2）否

92. 你知道不同政党党魁的名字吗？

（1）是　（2）否

93. 你获取政治信息的主要途径是什么？

（1）广播　（2）报纸　（3）电视

（4）政党成员　（5）网络

（6）其他，请注明________

94. 你知道你的宗行政长官的名字吗？

（1）是　（2）否

（四）生态认知

95. 你知道你所在地方周围环境中的动植物物种的名称吗？

(1) 是 (2) 否

96. 你认为在本地区保持水土重要吗？

(1) 是 (2) 否 (3) 不知道

97. 你支持政府限制渔猎的政策吗？

(1) 是 (2) 否

98. 你支持政府的其他环境保护的政策吗？

(1) 是 (2) 否

99. 你所在的社区谈论或者践行雷达哈姆政策（一项本土环保政策）吗？

(1) 是 (2) 否 (3) 不知道

100. 你有在自己的农场或房子周围种树吗？

(1) 是 (2) 否

101. 吃绿色蔬菜有利于身体健康吗？

(1) 同意 (2) 不同意 (3) 不知道

102. 食用含有大量脂肪的食物有害身体健康吗？

(1) 同意 (2) 不同意 (3) 不知道

103. 食用肉类和鱼对身体建康很重要吗？

(1) 赞成 (2) 不赞成 (3) 不知道

104. 有规律地食用水果有利于身体建康吗？

(1) 赞成 (2) 不赞成 (3) 不知道

105. 有机生产的和利用化学肥料生产的，你更喜欢哪个？

(1) 有机的 (2) 非有机的 (3) 都喜欢

(4) 不知道

106. 无保护的性行为是安全的

（1）赞成　（2）不赞成　（3）不知道

107. 你知道艾滋病是怎么传播的吗？

（1）是　（2）否

108. 你知道怎样处理一些轻微的不适吗？如头疼、咳嗽、感冒、腹泻等。

（1）是　（2）否

109. 婴儿应该单纯用母乳喂养多久？

（　　）月

110. 你怎么评价你自己的怀孕、分娩和护理的传统知识水平？

（1）好　（2）一般　（3）差

111. 你知道以下工艺吗？

	知道	不知道
编织	1	2
刺绣	1	2
绘画	1	2
木工	1	2
雕刻	1	2
雕塑	1	2
铸造	1	2
铁艺	1	2
竹艺	1	2
金艺和银艺	1	2
泥瓦工	1	2
皮革工艺	1	2
造纸	1	2

（五）教学认知

112. 你认为自己的阅读水平

	优秀	好	一般	差	不知道	不适用
宗卡语	1	2	3	4	8	9
英语	1	2	3	4	8	9
尼泊尔语	1	2	3	4	8	9

113. 你认为自己的写作水平

	优秀	好	一般	差	不知道	不适用
宗卡语	1	2	3	4	8	9
英语	1	2	3	4	8	9
尼泊尔语	1	2	3	4	8	9

114. 你同意“孩子在教室里学的东西对日常生活有用”这句话吗？

(1) 同意　(2) 反对　(3) 不知道

(4) 没有孩子在学校

115. 你对孩子所接受的教育质量满意吗？

(1) 满意　(2) 不满意　(3) 不知道

(4) 没有孩子在学校

116. 你给孩子讲民间故事吗？

(1) 是　(2) 否　(3) 没有小孩

117. 你同意“我在教室里学的东西对日常生活有用”这句话吗？

(1) 同意　(2) 反对　(3) 不知道

118. 你对你所接受的教育的内容满意吗？

(1) 满意　(2) 不满意　(3) 不知道

119. 你对你学校的教学质量满意吗？

(1) 满意　(2) 不满意　(3) 不知道

120. 你对学校基础设施（如教室、图书馆、实验室、操场等）的质量满意吗？

（1）满意　（2）不满意　（3）不知道

121. 你在校期间曾参加过以下哪些课外活动？

	是	否
游戏/体育	1	2
文化项目	1	2
辩论/竞赛	1	2
技术性活动（家务活、编织、木工等）	1	2
园艺/种植	1	2
其他		

122. 你希望达到的最高学历

（　）（仅选择其中一项）

1＝小学（六年级）

2＝初级中学（八年级）

3＝中级中学（十年级）

4＝高级中学（十二年级）

5＝其他毕业文凭

6＝大学本科

7＝研究生及以上

8＝不知道

123. 你儿时首先在家庭中学会的语言[①]是

（　）

（请从以下各项中选出）

1＝宗卡语

2＝充卡噶卡哈语

① 除了可查到的正式翻译外，此处各地方语言名称主要根据英译。

3＝仓洛语

4＝布上哈语

5＝横哈语

6＝科托普语

7＝念卡语

8＝达扎拉语

9＝达帕语

10＝查理哈语

11＝孟帕哈语

12＝布若卡帕语

13＝布若卡塔语

14＝拉卡哈语

15＝藏语

16＝尼泊尔语

17＝罗卡普语

18＝恭达卡语

19＝雷布查语（锡丹土著）

20＝英语

124. 你的第一语言的理解水平

（1）相当好　（2）不错（3）只知道一点

（4）一点也不好

125. 你的第一语言的表达水平

（1）相当好　（2）不错（3）只知道一点

（4）一点也不好

126. 你认为在你的日常生活中保持不丹传统的重要程度

（1）不重要　（2）重要（3）非常重要

（4）不知道

（六）家庭生活认知

127. 对于以下说法，你认为

	赞成	不赞成也不否定	否定	不知道
一个人必须爱并尊重他的父母，因为父母愿为他们的孩子牺牲一切	1	2	3	8
丈夫和妻子都应共同致力于维持一个忠诚的、幸福的婚姻	1	2	3	8
在雇员竭尽全力为雇主服务的同时，雇主也应保证雇员应有的福利	1	2	3	8

128. 请按从1到10依次递增的顺序指出你对以下生活准则的重要程度的认识

	不太重要									非常重要
家庭生活	1	2	3	4	5	6	7	8	9	10
友谊	1	2	3	4	5	6	7	8	9	10
慷慨	1	2	3	4	5	6	7	8	9	10
精神信仰	1	2	3	4	5	6	7	8	9	10
同情心	1	2	3	4	5	6	7	8	9	10
自我发展	1	2	3	4	5	6	7	8	9	10
相互帮助	1	2	3	4	5	6	7	8	9	10
责任感	1	2	3	4	5	6	7	8	9	10
物质财富	1	2	3	4	5	6	7	8	9	10
财产安全	1	2	3	4	5	6	7	8	9	10
事业成功	1	2	3	4	5	6	7	8	9	10
快乐	1	2	3	4	5	6	7	8	9	10

129. 请按从 1 到 10 依次递增的顺序指出你所认为的其他不丹人对以下生活准则的重要程度的认识

	不太重要									非常重要
家庭生活	1	2	3	4	5	6	7	8	9	10
友谊	1	2	3	4	5	6	7	8	9	10
慷慨	1	2	3	4	5	6	7	8	9	10
精神信仰	1	2	3	4	5	6	7	8	9	10
同情心	1	2	3	4	5	6	7	8	9	10
自我发展	1	2	3	4	5	6	7	8	9	10
相互帮助	1	2	3	4	5	6	7	8	9	10
责任感	1	2	3	4	5	6	7	8	9	10
物质财富	1	2	3	4	5	6	7	8	9	10
财产安全	1	2	3	4	5	6	7	8	9	10
事业成功	1	2	3	4	5	6	7	8	9	10
快乐	1	2	3	4	5	6	7	8	9	10

130. 请你对以下行为的正当性作出判断

	总是正当	有时正当	从来不正当	不知道
杀人	1	2	3	8
堕胎	1	2	3	8
卖淫	1	2	3	8
强奸	1	2	3	8
偷盗	1	2	3	8
撒谎	1	2	3	8
与家人不和睦	1	2	3	8

（续上表）

	总是正当	有时正当	从来不正当	不知道
言语粗鲁不敬	1	2	3	8
闲言碎语	1	2	3	8
危险思想	1	2	3	8
离婚	1	2	3	8
自杀	1	2	3	8
滥交	1	2	3	8
错误的看法	1	2	3	8
贪婪	1	2	3	8

131. 以下是孩子在家庭中应被鼓励去学习的品质，请你选择它们各自的重要程度

	不重要	有点重要	重要	非常重要	不知道
独立	1	2	3	4	8
尊敬长辈	1	2	3	4	8
孝顺父母	1	2	3	4	8
遵守纪律	1	2	3	4	8
诚实	1	2	3	4	8
宽以待人	1	2	3	4	8
刻苦	1	2	3	4	8
服从权威	1	2	3	4	8
照料家人	1	2	3	4	8
帮助他人	1	2	3	4	8
平等待人	1	2	3	4	8

132. 你是否赞同以下观点

	赞成	不赞成 也不反对	反对	不知道
女人比男人更适合做家务	1	2	3	8
男人比女人赚钱更多	1	2	3	8
男孩的教育比女孩的教育更重要	1	2	3	8
总体上，男性比女性更有领导能力	1	2	3	8
女性被认为会带来霉运，因此她们不被允许进入拉卡邦的某些特定区域，或在男性射箭比赛前摸弓箭	1	2	3	8

（七）社区活动认知

133. 你是否参加你的村庄/社区中的节庆或社区活动?

（1）是 （2）否

（3）村庄/社区中没有此类活动

134. 你每年平均有多少天会参加社区文化活动，诸如社区庆典、邻居聚会等

（1）从不 （2）1～5 天 （3）6～12 天

（4）13～20 天 （5）超过 20 天 （6）不知道

135. 你认为参加此类活动对你而言的重要程度

（1）重要　（2）有点重要　（3）不重要

（4）不知道

136. 对这些活动，你认为

（1）保持得很好　（2）变弱了

（3）几乎消失了　（4）不知道

如果选 2 或者 3，请跳到第 138 题。

137. 若你知晓有些活动已消失或影响力减弱，你认为其原因是什么？

（请在序号后作答）

	原因	编号
1		
2		
3		
4		

138. 请举出一个你认为在你的社区中的主要节庆

节庆名：（　　　）

六、文化多样性与认受性

（一）地方习俗

139. 请列举出你知晓地方吉利日子的途径

	途径	编号
1		
2		
3		
4		

140. 你会为了你和你家人的健康占卜吗？

（1）会　（2）不会

141. 你会请教巫师吗？

(1) 会 (2) 不会

142. 你会向你所在村庄或社区的神灵表达敬意或供奉他们吗？

(1) 会 (2) 不会

(3) 我所在的村庄或社区没有供奉神灵

143. 过去一年中，你进行传统体育项目（如射箭等）的频率是多少？

(1) 每周至少一次 (2) 每月一到两次

(3) 一年多次 (4) 从不

144. 过去一年中，你进行现代游戏/体育（例如足球）的频率是多少？

(1) 每周至少一次 (2) 每月一到两次

(3) 一年多次 (4) 从不

(二) 礼仪

145. 礼仪和行为准则重要吗？

(1) 不重要 (2) 重要 (3) 很重要

(4) 不知道

146. 过去一年中，你觉得礼仪和行为准则在实践与仪式上有何变化？

(1) 变弱了 (2) 没变 (3) 变强了

(4) 不知道

(三) 价值变化

147. 过去几年中，不丹的多数人变得

更加慷慨	没变	更加不慷慨	不知道
1	2	3	8

更加有怜悯心	没变	更加无怜悯心	不知道
1	2	3	8

更加注重物质财富	没变	更加不注重物质财富	不知道
1	2	3	8

更加自私	没变	更加不自私	不知道
1	2	3	8

更加诚实	没变	更加不诚实	不知道
1	2	3	8

更加有信仰	没变	更加无信仰	不知道
1	2	3	8

更加宽容	没变	更加不宽容	不知道
1	2	3	8

（四）民间故事、歌曲和电影

148. 哪种类型的歌曲①你听得最多？

	听得最多
庄德歌	1
伯德歌	1
唐默歌	1
噶嘛歌	1

---

① 此处歌曲类别多是音译。

（续上表）

	听得最多
瑞萨歌	1
印度歌	1
尼泊尔语歌	1
藏语歌	1
英语歌	1
其他（详述）	

149. 你有看过最近几年产的不丹电影吗？

（1）没有　（2）1～10 部　（3）11～20 部

（4）21～30 部　（5）多于 30 部

150. 民间故事包含着一定的价值观念，你认为学习或了解这些故事重要吗？

（1）不重要　（2）重要　（3）很重要

（4）不知道

151. 你知道或阅读过不丹的民间故事吗？

（1）有　（2）没有

（五）建筑

152. 你有注意到过去几年不丹在住宅或房屋建筑设计方面的一些变化吗？

（1）有　（2）没有　（3）不知道

七、政府管理

（一）政治参与

153. 过去一年中，你参与过政府会议吗？

（1）有　（2）没有

如果选择没有，请跳至第 157 题。

154. 你参加了多少次会议

乡村或格窝级别		以过去一年的次数为准（如果没有请填第 99 题）
格窝级别		以过去一年的次数为准（如果没有请填第 99 题）
宗级别		以过去一年的次数为准（如果没有请填第 99 题）

155. 在参加宗发展委员会时你有发言吗？

（1）有（2）没有

如果选择没有，请跳至第 157 题。

156. 发言频率是多少？

（1）每次（2）大多数　（3）有时

（二）高效政府在国家和地方的表现

157. 对应以下每项，请评价过去一年中中央政府的绩效

		优	良	差	不知道
中央 1	创造就业机会	1	2	3	8
中央 2	缩小贫富差距	1	2	3	8
中央 3	教育建设	1	2	3	8
中央 4	改善医疗服务	1	2	3	8
中央 5	反腐败	1	2	3	8
中央 6	环境保护	1	2	3	8
中央 7	道路建设	1	2	3	8
中央 8	电力建设	1	2	3	8

158. 总的来说，你如何评价宗在过去一年中的管理绩效？

		优	良	差	不知道
宗 1	提供教育需求	1	2	3	8
宗 2	改善卫生条件	1	2	3	8
宗 3	提高卫生服务水平	1	2	3	8
宗 4	提供农业设备和种子	1	2	3	8
宗 5	提供清洁饮用水	1	2	3	8
宗 6	批准木材砍伐许可配额	1	2	3	8
宗 7	提供农田道路	1	2	3	8

（三）领导绩效

159. 你如何评价以下领导人过去一年的绩效？

（对市长的评价只针对城镇居民）

	优	良	差	不知道
宗长官	1	2	3	8
国民议会代表	1	2	3	8
格窝长官	1	2	3	8
委员会成员	1	2	3	8
市长	1	2	3	8

如果回答者不是农村居民，请转到第 162 题。

160. 请评价格窝负责人

	很好	好	差	不知道
读写能力	1	2	3	8
理解能力	1	2	3	8
解决纠纷	1	2	3	8
过去的经验	1	2	3	8

（续上表）

	很好	好	差	不知道
信心与表达能力	1	2	3	8
尊重他人意见	1	2	3	8
林木砍伐申请的核实	1	2	3	8
卡度申请的核验	1	2	3	8
促进人与人之间的合作与和谐	1	2	3	8

161. 请在下面评价委员会代表

	很好	好	差	不知道
读写能力	1	2	3	8
理解能力	1	2	3	8
解决纠纷	1	2	3	8
监督 chiwog 的事物	1	2	3	8
协调格窝和敕窝的关系	1	2	3	8

（四）政府机构的整体满意度

162. 你觉得政府的整体方向性是否正确？

在正确方向	在错误方向	不知道
1	2	8

163. 总的来说，你对以下机构运作的满意程度（市政机构只要求城市居民回答）

	满意	不满意	不知道
中央各部委	1	2	8
宗行政机构	1	2	8
格窝行政机构	1	2	8
市政机构	1	2	8

（五）公平和《平等法》、对选举过程的认知

164. 最近一次选举你是否为格窝负责人或者市长投票？

(1) 是 (2) 否

165. 整体而言，你如何评价这种选举过程的自由和公平性？

(1) 自由和公平 (2) 不自由、不公平 (3) 不知道

166. 近期以来，有没有任何本地的或者外地的人拉拢你投票支持某一个政党或者个人？

(1) 有 (2) 没有 (3) 不知道

167. 你会参加即将到来的大选么？

(1) 会 (2) 不会 (3) 不知道

（六）司法独立、公平、效率

168. 在你看来，我们的法庭是否能够独立于外部的影响和干扰？

(1) 独立 (2) 不独立 (3) 不知道

169. 请对法院以下表现打分

	很好	好	不好	不知道
审案快捷	1	2	3	8
公平公正的判决	1	2	3	8
司法过程透明	1	2	3	8

170. 在过去五年里，你是否有卷入任何案件？

(1) 有 (2) 没有

如果选择没有，请跳至第173题。

171. 解决一件诉讼需要多少个月？

( ) 月

172. 请估计你的诉讼成本

(　　) 努

（七）尊重基本权利

173. 你觉得你有以下权利吗？

	是	否	不知道
言论自由	1	2	8
投票权	1	2	8
参加政党的权利	1	2	8
有权组建或者参加社会组织	1	2	8
能有平等的机会获得公共服务	1	2	8
同工同酬	1	2	8
没有受到种族、性别、宗教、语言、政治或者其他歧视	1	2	8

（八）对警察的观感

174. 你对以下警察绩效的满意程度

	满意	不满意	不知道
执法	1	2	8
预防犯罪	1	2	8
迅速回应问题	1	2	8
查案破案	1	2	8
平易近人容易交谈	1	2	8

（九）媒体的品质和自由（媒体自由/独立访问/质量）

175. 在政府影响下，媒体（电视、广播、报纸）自由的程度

(1) 自由　(2) 不自由　(3) 不知道

176. 你可以访问以下哪些？

	是	否
广播	1	2
电视	1	2
报纸	1	2
网络	1	2

177. 请评价以下新闻/报纸的质量

	很好	好	差	不知道
广播	1	2	3	8
电视	1	2	3	8
报纸	1	2	3	8

（十）透明度、问责制和诚信（对领导和机构的信任）

178. 你信任以下机构和人员吗？

	信任	有点信任	不信任	不知道
法院	1	2	3	8
警察	1	2	3	8
中央部门	1	2	3	8
宗行政部门	1	2	3	8
格窝行政部门	1	2	3	8
市政委员	1	2	3	8
传媒	1	2	3	8
财政部门	1	2	3	8
宗长官	1	2	3	8
格窝长官	1	2	3	8
国民议会代表	1	2	3	8
格窝副长官	1	2	3	8
委员会委员	1	2	3	8

（十一）问责制

179. 你的格窝长官执行活动是否根据格窝发展委员会的决定？

是	否	不知道	不适用
1	2	8	9

如果选择不适用，请转到第 317 题。

180. 在提出格窝发展委员会会议议程时，你所在的格窝长官或者委员是否征询过你的意见？

是	有时	否	不知道
1	2	3	8

181. 格窝发展委员会会议决定是否告知你？

是	有时	否	不知道
1	2	3	8

182. 市政会议决议是否告知你？

是	有时	否	不知道	不适用
1	2	3	8	9

（十二）腐败方面

183. 在你看来，国家中的腐败有多普遍？

普遍	不普遍	不知道
1	2	8

184. 在你看来，多大程度上同意下面现象的存在？

	腐败活动	同意	部分同意	不同意	不知道
腐败 1	政府钱滥用	1	2	3	8
腐败 2	部门职员滥用	1	2	3	8
腐败 3	政府部门设备滥用	1	2	3	8
腐败 4	政府车辆滥用	1	2	3	8
腐败 5	滥发林木砍伐、采矿、采砂等许可证	1	2	3	8
腐败 6	在贸易许可上提供便利	1	2	3	8
腐败 7	在就业上提供便利	1	2	3	8
腐败 8	在培训上提供便利	1	2	3	8
腐败 9	在晋升上提供便利	1	2	3	8
腐败 10	在转业上提供便利	1	2	3	8
腐败 11	物品和服务采购中玩忽职守	1	2	3	8
腐败 12	因腐败目的而拖欠工资	1	2	3	8
腐败 13	预算分配和执行与正常项目和计划不匹配	1	2	3	8
腐败 14	贿选	1	2	3	8

185. 你是否同意以下内容是造成国内腐败的原因？

原因	同意	部分同意	不同意	不知道
缺乏明确的规则和法律	1	2	3	8
赠予雇员、上级以及有影响人物礼物的普遍习惯	1	2	3	8
法律缺乏强制力	1	2	3	8
复杂和冗长的手续	1	2	3	8

186. 你认为有多少公务人员有腐败行为？

全部	大多数	一些	没有	不知道
1	2	3	4	8

187. 过去一年中，你家是否有招待过政府官员（现金或其他形式）？

有	没有	不知道
1	2	8

如果选择 2 或者 8，直接跳至第 191 题。

188. 如果你家给过现金，请列出具体数额

（　　）努

189. 如果你家通过其他形式招待官员，下面种类是否包括？

	是	否
谷物（稻谷，玉米，小麦）	1	2
鸡蛋，奶酪，黄油，牛奶	1	2
本地特产	1	2
蔬菜	1	2

（续上表）

	是	否
柴薪	1	2
乌拉（一种烟草）	1	2
其他，请具体指出		

190. 在一年当中你家招待官员花费了多少？

项目	记录大约数额
谷物（稻谷，玉米，小麦）	
鸡蛋，奶酪，黄油，牛奶	
不丹特产	
蔬菜	
柴薪	
乌拉（一种烟草）	
其他，请具体指出	

（十三）迁徙和居住时间

191. 你在目前的村庄或者城镇已经居住多久？

（　）年

192. 过去一年中你的家庭成员是否有迁移出目前所在的社区？

（1）是　（2）否

如果选择否，跳至第195题。

193. 他们的迁移是否给你带来麻烦？

（1）是　（2）否

如果选择否，跳至第195题。

194. 他们的迁徙给你带来哪些麻烦？

迁徙带来的问题		是	否
迁徙问题 1	劳动力减少	1	2
迁徙问题 2	家庭破坏	1	2
迁徙问题 3	老人照顾问题	1	2
迁徙问题 4	其他，请具体指出		

八、社区活力

(一) 志愿行为

195. 在过去的 12 个月中，你是否提供过无偿的志愿性帮助？

(1) 是　(2) 否

如果选择否，跳至第 200 题。

196. 你提供过哪种帮助？

志愿项目	是	否
宗教设施的建设或整修方面志愿劳动	1	2
例行公事劳动	1	2
向宗教人物的志愿劳动	1	2
房屋建设劳动	1	2
房屋整修劳动	1	2
为村庄中居民有事时帮忙	1	2
村庄成员过世期间的志愿劳动	1	2
稻田播种和收获时期的志愿劳动	1	2
清洁运动	1	2
捐献资金	1	2
支教	1	2
社区劳动	1	2
灌溉管道建设或整修劳动	1	2
其他，请指出	1	2

197. 过去一年中，你个人平均在志愿性活动中投入了多少天？

（　）天

198. 你是否帮助下述社会群体？

	是	否
穷人	1	2
病人	1	2
老年人	1	2
残疾人	1	2
丧失亲人家庭	1	2
受害者（源于犯罪，事故，自然灾害，等等）	1	2
孤儿	1	2
其他，请指出：		

199. 总的来看，你对你作为一个志愿者的经历是否满意？

满意	一般	不满意
1	2	3

200. 过去一年，你向以下机构或事项捐款了吗？

	是	否
宗教设施的建设	1	2
宗教仪式	1	2
帮助其他家庭（如别人家里有人过世等）	1	2
帮助个人（非家庭成员）	1	2
教育机构	1	2
NGO组织	1	2
其他，请指出		

201. 你捐款多少？

	价值
宗教设施的建设	
宗教仪式	
帮助其他家庭（如别人家里有人过世等）	
帮助个人（非家庭成员）	
教育机构	
NGO 组织	
其他，请指出	

202. 在过去一年，你是否向他们捐物品了？

	是	否
宗教设施的建设	1	2
宗教仪式	1	2
帮助其他家庭（如别人家里有人过世等）	1	2
帮助个人（非家庭成员）	1	2
教育机构	1	2
NGO 组织	1	2
其他，请指出		

203. 你捐物品价值是多少？

	价值
宗教设施的建设	
宗教仪式	
帮助其他家庭（如别人家里有人过世等）	
帮助个人（非家庭成员）	
教育机构	
NGO 组织	
其他，请指出	

（二）归属感

204. 你在这个社区的归属感怎样？

很强	有点强	弱	不知道
1	2	3	8

（三）信任感

205. 一般情况下，你相信不丹人吗？

信任大多人	信任部分人	信任少数人	不信任他们	不知道
1	2	3	4	8

206. 你相信邻居吗？

信任大多人	信任部分人	信任少数人	不信任他们	不知道
1	2	3	4	8

（四）社区交往

207. 你在社区是否得到公平的对待？

总是	大多数时间是	很少是	从来都不是	不知道
1	2	3	4	8

208. 你周围的邻居是否帮助别人？

总是	大多数时间是	很少是	从来都不是	不知道
1	2	3	4	8

209. 过去一年，你在社区是否有交流活动？

是	否
1	2

210. 上个月，你和你的邻居社交活动频率？

一周几次	一月几次	一月一次	上月没有	不知道
1	2	3	4	8

211. 上个月，你与你的朋友社会交往的频率？

一周几次	一月几次	一月一次	上月没有	不知道
1	2	3	4	8

212. 上个月，你与你的亲人社会交往的频率？

一周几次	一月几次	一月一次	上月没有	不知道
1	2	3	4	8

（五）家庭关系

213. 根据下列提示，你是否同意以下观点

	同意	中立	不同意
家庭成员真心彼此照顾			
你希望你不是家庭成员			
你的家庭成员吵得太厉害			
在家里你感觉像个陌生人			
你有足够时间与家人度过			
你的家人很理解你			
家对你来说是一个温馨的地方			

（六）亲属关系

214. 现在我们要问你一些问题，关于你和你家人的问题，例如，叔叔、阿姨、侄子、姻亲等，不算和你住在同一个社区的

都是的	大多数	大约一半	一些	没有
1	2	3	4	5

（七）犯罪与安全

215. 过去一年是否是罪犯的受害者？

是	否
1	2

如果选择否，请跳到第 217 题。

216. 如果是，是什么犯罪呢？

	次数
偷盗	
抢劫	
故意破坏财产	
家庭暴力	
性侵犯	
其他暴力和侵犯	
诈骗	
其他，请指出	

217. 你见过或者知道去年其他人有受害过吗？

是	否
1	2

218. 如果有，是什么犯罪？

	是	否
偷盗	1	2
抢劫	1	2
故意破坏财产	1	2

（续上表）

	是	否
家庭暴力	1	2
性侵犯	1	2
其他暴力和侵犯	1	2
诈骗	1	2
其他，请指出		

219. 天黑后，你一个人在村子周边散步时，你有怎样的感觉？

	总是安全	基本安全	很少安全
人类伤害	1	2	3
野生动物	1	2	3
鬼怪	1	2	3

220. 在过去的 12 个月里，社区里的敌对情绪增长了吗？

是	否
1	2

如果选择是，请跳到第 222 题。

221. 如果选择是，说出原因

	原因	代码
敌对情绪 1		
敌对情绪 2		
敌对情绪 3		
敌对情绪 4		
敌对情绪 5		
敌对情绪 6		

九、生态多样性和认受性

（一）联系自然

222. 对以下说法你同意还是不同意？

说法	同意	不同意	不知道
人类、精神和神明都属于自然的范畴	1	2	8
生物的生存必须依靠非生物	1	2	8

223. 说明你同意还是不同意以下观点？

	同意	不同意	不知道
应该有更加严格的反污染法			
不符合环境保护规定的企业应该关掉	1	2	8
对于进口环境破坏性物品的个人和单位，政府应该课以重税	1	2	8
政府应该严格执行禁止使用塑料的规定，现在做的还不是很好	1	2	8
应该有更加严格的反污染法	1	2	8

（二）环境问题

224. 你是否关注以下环境问题？

	是	否	不知道
河流污染	1	2	8
空气污染	1	2	8
缺乏合理的污水处理措施	1	2	8
野生物种的减少	1	2	8
山崩	1	2	8
土地流失	1	2	8
洪灾	1	2	8
气候不稳定	1	2	8

（三）政府保护自然的努力

225. 你认为政府对环境保护的力度如何？

足够	不足够	不知道
1	2	8

（四）农业用地被开发

226. 在过去 5 年中，你有没有因为发展而失去土地呢？

有	没有	不适用
1	2	9

如果不适用，请跳转到 228 题

（五）树木生长导致耕地减少

227. 你是否因为树林的增加而减少了土地？

是	否
1	2

（六）城市化

228. 以下哪项是今天城市面临的最大问题？

垃圾	交通和空气污染	住房紧缩	犯罪	不知道
1	2	3	4	8

229. 你有没有觉得政府应该在城市里为孩子和大人们新建绿色公园呢？

是	否	不知道
1	2	8

（七）水质

230. 你怎么评价饮用水的质量？

非常好	好	差	不知道
1	2	3	8

231. 在你的地区，你察觉到水滋生的疾病是在增加还是减少？

增加	减少	不知道
1	2	8

232. 你有没有注意到你附近河流的水位变化？

上升	降低	保持不变	不知道
1	2	3	8

（八）空气质量

233. 你怎么评价所在地的空气质量？

非常好	好	差	不知道
1	2	3	8

234. 你所在地区与空气质量相关的疾病是在增加还是在减少？

增加	减少	不知道
1	2	8

（九）交通

235. 你有车吗？

有	没有
1	2

如果没有，请跳到第 237 题。

236. 如果公共交通工具很方便，你是否会减少使用私家车？

是	否	不知道
1	2	8

（十）能源

237. 你烹饪用哪种能源？

	是	否
木柴	1	2
电	1	2
液化石油气	1	2
煤油	1	2
太阳能	1	2
其他，具体指出	1	2

238. 你的室内取暖用哪种能源？

	是	否
木柴	1	2
电	1	2
液化石油气	1	2
煤油	1	2
太阳能	1	2
其他，具体指出	1	2

（十一）气候变化

239. 你对气候变化的感知程度如何？

非常清楚	一般清楚	不清楚	不知道
1	2	3	8

240. 你认为气候变化或全球变暖是一个多严重的问题？

非常严重	有些严重	不是很严重	一点也不严重	不知道
1	2	3	4	8

241. 你对气候变化问题的关切程度是多少？

非常关心	很关心	不怎么关心	一点也不关心	不知道
1	2	3	4	8

如果被调查者是农民以外的其他职业，请跳到第251题。

（十二）生物多样性

242. 你注意到你所在地区的植被相比于前几年有何变化吗？

有	没有	不知道
1	2	8

243. 你有获得以下非木质林产品吗？

非木质林产品	有	没有	不知道
蘑菇	1	2	10
茭白	1	2	10
蕨类植物顶部	1	2	10

（续上表）

非木质林产品	有	没有	不知道
草料	1	2	10
柠檬草油	1	2	10
松脂油	1	2	10
着色剂和染料的原材料	1	2	10
竹子	1	2	10
丛林马铃薯	1	2	10
渗出的树脂（清漆）	1	2	10
叶子	1	2	10
达芙乳（树皮为造纸）	1	2	10
达姆茹	1	2	10
丛林可食用水果	1	2	10
扎喇	1	2	10

244. 你对所获得的非木质林产品满意吗？

满意	不满意	不知道
1	2	8

245. 你有获得以下木质产品吗？

	有	没有
染料木材	1	2
建筑木材	1	2
栅栏材料（农场和房屋周围）	1	2
藤射	1	2
饲料（喂养动物的树枝）	1	2

246. 你对获得的木质产品满意吗？

满意	不满意	不知道
1	2	8

247. 获取以上资源的路程产生变化了吗？

有	没有	不知道
1	2	8

248. 搜集木柴的路程增加了吗？

有	没有	不知道
1	2	8

249. 你需要走多远的路程去搜集木柴？

不到 1 小时	1～3 小时	4～6 小时	大于 7 小时
1	2	3	4

250. 你认为以下因素会影响你对自然资源的获取吗？

	会	不会	不知道
自然保护区	1	2	8
社区和私人森林	1	2	8

（十三）生活垃圾

251. 相比于前几年，你的生活垃圾增加了吗？

增加	没增加	不知道
1	2	8

252. 过去一年中，你的生活垃圾属于哪一类？

生态友好（废弃蔬菜和其他易于分解的）垃圾	生态不友好（金属、塑料等不易分解的）垃圾	两者都有
1	2	3

253. 你对玻璃制品、罐头瓶、塑料制品等进行分类并重复利用的频率是多少?

一直	有时	从不
1	2	3

254. 你如何处理你的生活垃圾?

堆肥和焚烧	城区垃圾收集	倒入河流	倒入丛林	倒在空地上	其他,请列出
1	2	3	4	5	6

(十四)农业(受访者只限于农民)

255. 你将如何评价你的农田质量?

(1)非常肥沃(2)肥沃(3)贫瘠

(4)不知道

256. 粪便、化学肥料哪一种你用得最多?

(1)粪便(2)化学肥料(3)两者都用

257. 你曾在你的农场使用过杀虫剂或除草剂吗?

(1)用过 (2)没用过 (3)不知道

258. 过去一年里,你的农作物生产受以下哪项因素影响?

	是	不是	不知道
野生动物	1	2	8
病虫害	1	2	8
干旱	1	2	8
过度降水	1	2	8
冰雹	1	2	8
经销处种子供应太迟	1	2	8

（续上表）

	是	不是	不知道
家畜损害	1	2	8
水土流失	1	2	8
滑坡	1	2	8
劳动力短缺	1	2	8
缺少稳定的供水和灌溉系统	1	2	8
缺少化肥	1	2	8
缺少肥料	1	2	8
其他	1	2	8

（十五）人与自然冲突

259. 过去一年中，你的作物被野生动物损害过吗？

（1）有　（2）没有

如果选择没有，请回答第261题。

260. 你有因为野生动物的威胁而没有进行耕作的土地么？

（1）是　（2）否

十、生活水平

261. 过去一年中，你大约从以下各项来源中获得了多少现金收入？

如果该项没有收入，请填“0”。如果答题者拒绝回答，保留空白。

	努
工资/薪水	
自己的企业	
农业	
汇款	

（续上表）

	努
养老金	
房产（租金）	
遗产	
贩卖土地或其他资产	
其他	

如有其他，请具体说明。

262. 过去一年中，你全家人的总计现金收入大概是多少？

（　）努

（一）相关收入

263. 在你的社区里，你认为你家

（1）比绝大多数富裕　（2）与绝大多数差不多

（3）比绝大多数贫穷　（4）不知道

264. 相较于你社区里的其他家庭，你家的财政地位在过去几年发生了怎样的变化？

（1）比大多数家庭都提高得多

（2）与大多数家庭改变得差不多

（3）比大多数家庭提高得少

（4）不知道

（二）财产安全

265. 今后两年里，你觉得你家的财产状况

（1）变好　（2）保持不变（3）变坏

（4）不知道

266. 你的家庭总收入能否满足你家日常的衣食住行

需求？

（1）不够　（2）刚好够　（3）多很多

267. 如果你或你家庭某一成员需要支付一笔价值 5000 努的额外支出，你会

	是	否
用存款	1	2
问亲戚借	1	2
问朋友借	1	2
从银行借	1	2
从其他正规机构借贷	1	2
变卖资产	1	2
其他	1	2

如有其他，请注明。

268. 如果你或你家庭某一成员需要支付一笔价值 25000 努的额外支出，你会

	是	否
用存款	1	2
问亲戚借	1	2
问朋友借	1	2
从银行借	1	2
从其他正规机构借贷	1	2
变卖资产	1	2
其他		

如有其他，请注明。

269. 过去一年中，你家出现过如下状况么？

	是	否
买旧衣服而不是新衣服来缩减开支	1	2
继续穿破衣服、鞋子因为没钱买	1	2
无力为社区庆典出力	1	2
因为资金问题而无法送子女去上学	1	2
不能准时还贷	1	2
无力给父母或其他家庭成员提供财政支援	1	2
推迟重要的维修和推迟支付家庭赡养费	1	2
出售设备、土地或其他资产来筹集现金以供基本开销	1	2
其他		

如有其他，请注明。

（三）食品保障

270. 过去一年里，你是否曾因为没有足够的食物或没有足够的钱购买食物而减少你的食量或省去几顿饭？

（1）有　（2）没有　（3）不知道

如果选择没有，请直接跳到第 272 题。

271. 出现的频率是几乎每月一次，有些月但不是每个月，还是只有一两个月？

（1）几乎每月一次

（2）有些月，但不是每一个月

（3）只有一两个月

（四）债务

272. 你现在的债务状况如何？

	数额
房贷	
汽车贷款	
购地贷款	
农业贷款	
商业贷款	
教育贷款	
个人贷款	
其他贷款	
总额	

273. 你向谁借贷？

	是	否
家人	1	2
朋友	1	2
银行或者金融机构	1	2
其他	1	2

274. 对于现在的家庭债务水平，你是否能接受？

（1）是　（2）否

（五）房产

275. 你现有的住所是租的还是买的？

（1）租的

（2）买的，如果是买的，买价是（　　）努。

如果是买的，转至第277题。

276. 如果是租的，现在每个月的房租是多少？

(　　)努

277. 如果是买的，你家屋顶的材料是什么？把符合的都圈出来

混凝土/砖/石头	
金属	
泥土	
木头	
稻草/叶子	
竹子	
板岩	
其他，请注明	

278. 你家墙壁的材料是什么？把符合的都圈出来

混凝土/砖/石头	
金属	
泥土	
木头	
稻草/叶子	
竹子	
板岩	
其他，请注明	

279. 有多少间房？(包括洗手间和厕所)

(　　)间

280. 你的住所需要修理吗？

(1) 不需要修理　(2) 需要小型维修

(3) 需要大修——渗漏的屋顶，有缺陷的水管设施，电线排布，墙壁的结构问题，天花板等

（六）实物收入

281. 过去一年，你有没有从家人或朋友那收到过任何食物的帮助？

（1）是　（2）否

如果选择否，请跳到第283题。

282. 如果你选择是的话，这些帮助大概值多少钱？

（　　）努

283. 在过去的一年中，你有没有从家人或朋友那收到衣服、家庭用品、家畜等形式的帮助？

（1）是　（2）否

如果选择否，请跳到第285题。

284. 如果你选择是的话，这些帮助大概值多少钱？

（　　）努

285. 过去一年中，你有没有从家人或朋友那收到劳动形式的帮助？

（1）是　（2）否

如果选择否，请跳到第287题。

286. 如果你选择是的话，这些帮助大概值多少钱？

（　　）努

287. 你拥有多少英亩的土地？

土地类型	英亩
旱地	
旁植地①	
梯色日田	
湿地	
其他	
合计	

① 此处及其随后名词系音译。

288. 你拥有多少家畜？

牲畜的种类	数量
牦牛	
牛	
公牛	
山羊	
绵羊	
马	
驴	
骡	
鸡	
猪	

289. 你拥有下面哪些设备？

	是	否
拖拉机	1	2
耕耘机	1	2
电动脱粒机	1	2
桨式搅拌机	1	2
碾米机	1	2
榨油机	1	2
收割机	1	2
四轮车	1	2
两轮车	1	2

290. 过去一年中，下面的各选项是增加、减少还是保持不变？

	增加	保持不变	减少	不适用
拥有的英亩数	1	2	3	4
种植的英亩数	1	2	3	4
拥有的牲畜数量	1	2	3	4
谷物的产量	1	2	3	4
水果的产量	1	2	3	4
蔬菜的产量	1	2	3	4
生产肉类的公斤数	1	2	3	4
生产乳制品的公斤数	1	2	3	4
现金收入	1	2	3	4